DE KUNST
VAN HET NIETSDOEN

THEO FISCHER

DE KUNST VAN HET NIETSDOEN

Nirwana
's-Gravenhage, 2006

Oorspronkelijke titel: *Wu Wei*

Vertaling: Pieter Cramer
Nirwana is een imprint van Uitgeverij BZZTôH
Ontwerp omslag: AVEQ Creatieve Producties, Den Haag
Typografie en zetwerk: Studio Cursief, Amsterdam

ISBN-13: 978 90 453 0450 2
ISBN-10: 90 453 0450 3

www.bzztoh.nl

Wie weleens een crisis heeft doorgemaakt – en wie heeft dat niet – heeft het ongetwijfeld ook zo ervaren: het moment waarop alles weer ten goede keert, komt altijd in een fase waarin men opgehouden is met knokken.

Dat ophouden met knokken, leven in het nu, je naar de levensstroom richten: dat is *woe wei*. Letterlijk vertaald betekent het zoiets als: 'nietsdoen', 'niet-handelen'.

Natuurlijk wil dat niet zeggen dat we traag, besluiteloos of onverschillig moeten zijn; *woe wei* betekent dat we bij onze beslissingen niet tegen onze innerlijke autoriteit, ofwel de tao, moeten ingaan. *Woe wei* is de kunst om op het juiste moment het juiste te doen.

Dit boek is een inleiding tot een praktische omgang met de levensfilosofie van de tao.

Er is een leer die ons een inzicht verschaft in wat wij in wezen zijn. Uit dit begrip ontstaat een volkomen nieuwe manier van handelen: *woe wei.* Dit wil zeggen, handelen door niet in te grijpen, door het gebeuren op zijn beloop te laten. Dit vermogen om het stuur van het leven aan die macht over te laten, is een dimensie van onszelf, datgene wat Lao Tze ooit de tao heeft genoemd.

VLADIMIR Dus wat doen we?
ESTRAGON Laten we nietsdoen.
Dat is voorzichtiger.

UIT WACHTEN OP GODOT

SAMUEL BECKETT

INHOUD

VOORWOORD

Verwacht van dit boek geen historische terugblik op de oorsprong van het taoïsme. Laten we ons beperken tot de vaststelling dat het uit China stamt en dat de principes ervan tegenwoordig nog in grote trekken in het Japanse zenboeddhisme zijn terug te vinden, al is het niet meer in de oorspronkelijke, ongecompliceerde vorm. Wie zich voor de geschiedenis van de tao interesseert, kan die in de boeken van talloze andere schrijvers nalezen (zie de bibliografie achter in dit boek). Ook de vertalingen van de teksten van Lao Tze en Chuang Tze bieden een schat aan informatie over de betekenis en het geestelijke gehalte van de tao. In dit boek wil ik de essentie van de tao overbrengen, ofwel de praktijk ervan in het dagelijks leven. Daartoe moet ik, helaas het kan niet anders, een taboe doorbreken waaraan alle meesters van de tao zich tot nu toe hebben gehouden: ik moet het nut ter sprake brengen van een leven in de geest van de tao. De terughoudendheid van de taoïsten op dit punt is er waarschijnlijk de belangrijkste oorzaak van dat deze eeuwenoude oosterse wijsheid nog niet in ons dagelijks leven is doorgedrongen. Aan de andere kant spruit het verzwijgen van het geweldige nut van deze levenswijze voort uit het probleem dat deze manier van leven uitsluitend functioneert wanneer het zonder motieven gebeurt, zonder hoop op een beloning en zonder een bepaald doel. Dit is sowieso de enige, of beter gezegd zo goed als de enige voorwaarde voor het welslagen ervan. Er is geen enkel geloof in wat dan ook voor nodig; het is beslist geen religie. Tao is pure levenswijsheid. In een poging tao in het kort te definiëren, zou ik het hier als volgt willen formuleren: tao is een dimensie van jou en mij. Tao is niet in gedachten te vangen, maar kan wel heel goed worden nageleefd en door ons allemaal worden verwezenlijkt.

I DE KUNST VAN HET NIETSDOEN

Ons huidige bestaan is verstrengeld met een zeer groot aantal voorwaarden. Ogenschijnlijk zijn we vrij, maar diep in ons binnenste voelen we dat die vrijheid bedrieglijk is, dat we aan handen en voeten gebonden zijn: aan de spelregels van de maatschappij, aan de vooringenomenheid van ons ras, ons land of de klasse waartoe we door ons opleidingsniveau behoren. Wellicht hebben we ons aan een partner gebonden of zitten we beroepsmatig of religieus in een of andere vorm hopeloos in een keurslijf geperst. Het dagelijks leven van de mens is van oudsher een aaneenschakeling van angsten, zorgen, gebreken, ziekten en andere ellende. Zelfs daar waar zo op het oog alles in orde lijkt, zijn er problemen, en die zijn ondanks de tijdelijk overheersende zonneschijn over het algemeen overweldigend. Jij en ik vormen daar geen uitzondering op. Maar stel dat er iemand op je afkomt met de gewaagde bewering dat je alle moeilijkheden en knelpunten in het leven heel simpel uit de weg kunt ruimen door niets anders dan uitsluitend in het heden te leven en de problemen wakker en attent onder ogen te zien? Spontaan zou je dat als onzin afdoen, het als iets dat ver buiten de realiteit staat van de hand wijzen. Met dit buiten de realiteit plaatsen heb je voor een deel zelfs gelijk; je plaatst het buiten *jouw* realiteit. Wat jij als realiteit ziet, heeft helemaal niets van doen met de objectieve werkelijkheid. Ons leven verloopt volgens een door onszelf gevormd denkpatroon, waarin het totaal van onze al dan niet aangeleerde ervaringen tot uitdrukking komt. Alles wat zich om ons heen afspeelt, wordt vanuit de optiek van dit denkpatroon aan vergelijkingen onderworpen en geanalyseerd. Pas wanneer je beseft dat de manier waarop je de wereld en je eigen leven beoordeelt, vooringenomen en volslagen fout is, kun je je openstellen voor de grote levenswijsheid in de geest van de tao. Wat dit in de praktijk betekent, zal ik in de volgende hoofdstukken zo duidelijk mogelijk proberen uit te leggen. Geniale oplossingen karakteriseren zich over het algemeen door hun eenvoud. De hier voorgestelde oplossing voor alle levensproblemen klinkt zo simpel dat het lijkt alsof er geen energie in wordt gestoken en het dus ook geen effect zal hebben, maar dat is niet zo. Het mooie van de tao is dat je niets hoeft te geloven, er geen obscure oefeningen van je worden verlangd en er ook geen strenge morele regels zijn die je geacht wordt op te volgen, maar dat de tao iets is wat je beleeft en waarvan je de invloed op de meest eenvoudige wijze kunt ervaren: door het uit te proberen.

Neem me niet kwalijk dat ik het heel eventjes in het Chinees zeg: WOE WEI. In deze twee lettergrepen ligt het hele geheim van de levenskunst van de tao besloten. Letterlijk vertaald betekent het zoiets als 'nietsdoen', 'niet-handelen'. Natuurlijk wil dat niet zeggen dat we traag, besluiteloos of onverschillig moeten zijn. De finesse van *woe wei* is moeilijk in een paar woorden uit te leggen. In de diepste betekenis houdt *woe wei* in dat we bij onze beslissingen niet tegen onze innerlijke autoriteit, de tao dus, mogen ingaan. De uitdagingen in het leven treden we over het algemeen met de ontoereikende middelen van ons verstand, onze ervaring tegemoet. Hierbij gaan we steeds weer al te slordig om met de voor ons verstand niet beredeneerbare krachten, die onze problemen niet alleen beter kunnen oplossen, maar tevens in staat zijn ze op een volledig andere manier te doorgronden. Als wij zouden kunnen leren deze *woe wei* in praktijk te brengen, zouden we meteen niet meer over onze problemen inzitten, ze niet meer analyseren en er geen oplossingen meer voor zoeken. Het is volstrekt voldoende om het probleem heel precies te bekijken, zonder erover na te denken, zonder enige analyse. De rest kunnen we gerust aan de tao overlaten. Voorzover direct ingrijpen noodzakelijk is, komt de impuls om tot handelen over te gaan spontaan uit een krachtige intuïtie voort. Waarbij intuïtie, althans wat wij daar gewoonlijk onder verstaan, datgene wat er daadwerkelijk gebeurt onvoldoende dekt, want het gaat hierbij eerder om een innerlijke dialoog die tot iets vanzelfsprekends wordt bij iedereen die heeft geleerd om in de geest van de tao te leven. Wat ik hier als voorbeeld geef, gaat dan ook pas op wanneer het leven als geheel op de juiste manier wordt geleefd. Voor het onder de knie krijgen van deze levenswijze is geen enkele vaardigheid vereist die we ons niet al eerder eigen hebben gemaakt. Wel is het zo dat de meeste mensen hebben verleerd om met dit soort vaardigheden om te gaan. Voor geen van de aanwijzingen die ik in de loop van dit boek geef, is krachtsinspanning vereist, en wanneer ze op de juiste manier worden toegepast, zullen deze vaardigheden zich zelfs onvoorstelbaar moeiteloos ontplooien. Die moeiteloosheid komt voort uit een uitzonderlijke energie die eveneens bij iedereen latent aanwezig is. (Wanneer je merkt dat het opvolgen van de adviezen je inspanning kost, is dat een duidelijk teken dat je iets fout doet.) We zullen ons hierbij met onze denkbeelden moeten bezighouden, met ons bewustzijn, met het heden, verleden en de toekomst, waarbij ik meteen wil benadrukken dat de tao alleen in het heden, dus altijd op hetzelfde moment, kan worden geleefd en verwezenlijkt. Dat zal waarschijnlijk de enige lastige opgave zijn. Je zult je namelijk moeten aanwennen met je zintuigen noch naar het verleden noch naar de toekomst af te dwalen, maar steeds en voortdurend in het hier en nu te blijven.

Dat is niet alleen lastig vanwege onze onzalige gewoonte om met onze gedachten overal te zijn, behalve bij het eigenlijke ogenblik van dat moment, maar het is vooral lastig omdat ons het leven van alledag geenszins prettig genoeg lijkt om ons er met plezier op te concentreren en het intensief te beleven. Op de uren die we daarentegen wel graag zouden willen vasthouden en intensiever willen beleven omdat we ze als fijn en plezierig ervaren, blijken we evenmin vat te kunnen krijgen. Ik wil jullie aan de hand van een mop laten zien hoe mensen zich met het beleven van het heden bezighouden: er rijdt een bus met toeristen door een schitterende landstreek. Alle toeristen houden camera's voor hun ogen en fotograferen dat het een lieve lust is. Slechts één van hen zit rustig door het raam naar buiten te kijken. 'Waarom maakt u geen foto's?' wordt hem gevraagd, waarop hij antwoordt: 'Ik kijk er meteen hier naar.' Kijk, de meeste mensen leven net als die toeristen. Onze gedachten staan, net als het fotograferen van de toeristen in deze mop, het echte beleven van de realiteit in de weg. We zijn onophoudelijk in ons hoofd onderweg, met onze gedachten zijn we bij gebeurtenissen uit het verleden of die in de toekomst zullen plaatsvinden, voorpret of angst dicteren onze blik op mogelijke gebeurtenissen of we kijken hoopvol uit naar de dingen die komen gaan. Maar het ogenblik waarin we nu leven, nemen we niet waar. Daarvoor zijn we geestelijk te veel met alle mogelijke onzin in de weer; zozeer dat we ons ook niet nog eens met de werkelijkheid bezig kunnen houden. Die gaat tenslotte ook niet voor ons verloren, want onze hersenen hebben wat er gebeurt, net als de fotocamera's, voorgoed in ons geheugen opgeslagen. En wanneer we dan toevallig onze blik eens op het moment zelf, op het heden richten, dan beleven we ook dat niet rechtstreeks, dus niet zo dat de scène die we waarnemen direct tot in ons bewustzijn doordringt.

Voordat we ons een gebeurtenis van buitenaf bewust zijn, is er door een ingesleten, slechte gewoonte een denkproces op gang gekomen. In gedachten onderzoekt onze geest eerst of er aan de waargenomen scène iets te herkennen valt dat met vroegere ervaringen te maken heeft. Daarna haalt hij uit het gegevensbestand van het geheugen de bij het fenomeen passende naam, plakt dat etiket op de scène en pas daarna, als dat allemaal gebeurd is, staat ons verstand het bewustzijn toe de gebeurtenis in zich op te nemen. Zo zie je dat ook dit ogenschijnlijk spontane ervaren van een gebeurtenis een proces uit de tweede hand blijkt te zijn. De menselijke geest staat nooit toe dat zintuiglijke indrukken rechtstreeks tot het bewustzijn doordringen. (Waarbij ik geen bijzondere betekenis aan het woord geest wil hechten; met geest bedoel ik gewoon ons eigen persoontje, wat mij betreft ons ego of ons ik.)

En dit hoeft helemaal niet zo te zijn. Het is beslist niet ons onontkoombaar lot dat we ons hele leven lang het eigenlijke moment van de werkelijkheid moeten ontwijken. Het is een ondeugd die we tot een gewoonte hebben gemaakt, omdat niemand ons heeft verteld hoe je het wel goed moet doen. *Woe wei* vraagt van ons dat we met onze geest in het heden aanwezig zijn, anders kunnen de krachten niet in werking treden die de dingen zonder ons toedoen veranderen en ten goede keren. Zolang wij de triestheid van onze dagelijkse beslommeringen niet onder ogen willen zien, zal daar op weg naar de tao ook niets aan veranderen. Wanneer wij het echter voor elkaar krijgen om ons bestaan net zo nuchter en realistisch te zien als het werkelijk is, zonder daarbij bepaalde inzichten uit de weg te gaan – ook al zijn die dingen nog zo onaangenaam –, dan zullen we niet lang meer in dat permanent grauwe bestaan hoeven te verkeren. Alsof ze door een afstandsbediening worden bestuurd, duiken al spoedig energieën in ons leven op waarvan we tot dan toe nauwelijks hadden durven dromen.

Over het hoe – daarmee bedoel ik de techniek – krijg je nog voldoende bijzonderheden in de volgende hoofdstukken voorgeschoteld, waar we dieper op de structuur van het denken en de persoonlijkheid van de denker zullen ingaan. Hier wil ik nu eerst een algemeen overzicht geven. Maar één principe kunnen we meteen al vooropstellen: gedachten ontstaan altijd uit het vergelijken van dingen met elementen uit het geheugen, de herinnering, met als gevolg dat ze zich in principe altijd in de verleden tijd afspelen, waar je je ook mee bezighoudt. Ook bij het vooruitblikken in de toekomst ga je uit van ervaringen die uit het verleden stammen. De tao, die tijdloze dimensie in ons, bestaat echter uitsluitend in het heden, in die flinterdunne kier tussen verleden en toekomst. De samenwerking van deze krachten vindt hier en nu plaats, nooit ervoor of erna. Dat betekent dat denken ons altijd van het heden wegvoert naar het verleden, ook al gaat het daarbij soms slechts om een verschil van fracties van een seconde, wanneer we een gebeurtenis op het moment zelf interpreteren in plaats van die rechtstreeks te beleven. Dat wil niet zeggen dat we het denken moeten verketteren. Het hoort er wel degelijk bij, wanneer het zin heeft en van pas komt. Maar dat ononderbroken gezwets van onze geest vormt een serieuze hindernis voor het leven in het absolute heden. Daarbij heeft het volstrekt geen zin om te proberen die stortvloed onder controle te krijgen door alle gedachten te willen onderdrukken. Dat is bijzonder vermoeiend en bovendien volslagen zinloos. Hiermee verander je alleen de premissen. Het proces om het denken uit te schakelen is namelijk net zo goed een denkproces. Wie op die manier probeert in het hier en nu te leven, houdt zichzelf voor de gek en verspilt onnodig energie. Maar laat je hierdoor alsjeblieft niet ontmoedigen. Het is in feite allemaal heel simpel: als de mens er maar voor openstaat. Er hoeven hierbij op geen enkele manier topprestaties te worden geleverd, want leven in het heden zonder in gedachten af te dwalen is geen olympische tak van sport. In de wereld van de tao heeft men sowieso al niets op met streven naar wat voor prestaties dan ook. Het is goed om geen doel te hebben, geen eerzucht, geen motief. Het streven van de mens om steeds op een of andere manier beter te zijn dan anderen is ronduit belachelijk, zeker als je bedenkt dat ieder mens in werkelijkheid aanzienlijk meer is dan hij of zij op welke andere manier dan ook ooit kan worden. De perfecte vorm van een leven in *woe wei* wordt in het zenboeddhisme als verlichting ofwel de verwezenlijking van de boeddha gezien. De directe, aandachtige waarneming van een gebeurtenis op het moment zelf noemt men 'het bewustzijn zonder woonplaats' of 'de geest zonder woonplaats'. Met dit bewustzijn of deze geest heeft de absolute creatieve kracht zich al in het leven van de beoefenaar genesteld. We hoeven maar een paar seconden aandachtig onze omgeving, het gebeuren om ons heen te observeren, of we hebben al contact met deze kosmische energie. En het is deze energie die ons dagelijks bestaan, ons hele leven, verandert wanneer we ons er slechts volkomen zonder reserve aan overgeven. Net als in het spel dat we in onze kinderjaren weleens hebben gespeeld: met gespreide armen en gesloten ogen laat je je achterover vallen in de armen van een vriendje dat klaarstaat om je op te vangen. Deze speelse oefening is helemaal niet zo makkelijk: het is echt geen prettig gevoel om je zo zonder meer te laten vallen, ook al weet je dat er iemand achter je staat die je opvangt. De ervaring van de geest zonder woonplaats is net zo van belang als het vermogen om ongedwongen te observeren, niet vanuit een innerlijk centrum, maar gewoon toe te kijken, zoals je bijvoorbeeld naar een vogel kijkt die voor het raam zit, of naar de kat van de buren. Zodra dat bekijken zonder bijkomende gedachten gebeurt, is dat identiek met wat de tao doet. Dit klinkt allemaal nogal vreemd en geenszins logisch. Oké, logisch is het ook niet. Maar klopt iets dan alleen maar als het logisch is? De objectieve werkelijkheid van ons bestaan is eerder paradoxaal dan logisch. Logica is een houvast dat het menselijk verstand heeft uitgevonden om niet aan de feitelijke omstandigheden te hoeven twijfelen. Logica is voor het verstand te bevatten, en alles waar men zo vat op krijgt, geeft ons zekerheid, nietwaar?

Het echt en voortdurend met je geest in het heden vertoeven, de gebeurtenissen aandachtig observeren, ze waarnemen zonder te analyseren: dat zou de eerste stap zijn op weg naar de verwezenlijking van de tao in ons leven. De gebeurtenissen op hun beloop laten zonder je ertegen teweer te stellen, ze alleen te bekijken: dat is handelen door niet te handelen, dat is *woe wei.* Als je hebt geleerd om zo je dagen door te brengen, zal je leven weer net zo zijn als in de mooiste tijd van je kinderjaren: zonder zorgen, zonder conflicten, vergetend wat gisteren was, zonder besef van een volgende dag, uitsluitend in het nu levend, gelukkig en onbevangen. Dat is levenskunst, dat is leven in de geest van de tao. En hoe ver staat dit wel niet van je huidige, zorgelijke bestaan af? In tegenstelling tot alle andersluidende preken en gemeenplaatsen is het veranderen van je leven, het bereiken van deze ongemeen positieve toestand, absoluut geen kwestie van tijd. Het is enkel en alleen een kwestie van je consequent losmaken van de oude vertrouwde denkbeelden.

De tweede (en tevens laatste) stap is de noodzaak je innerlijk van alle banden te bevrijden, van iedere vorm van autoriteit, ongeacht of die van buiten komt of vanuit jezelf in de vorm van vastgeroeste denksjablonen, religieuze richtlijnen en dergelijke. Deze tweede stap vereenvoudigt het leven in het heden aanzienlijk. Met de eis om je van alle banden te bevrijden wordt niet bedoeld dat je verder van de geneugten des levens, van bezit of van relaties af moet zien. In wezen is niets wat in ons leven gebeurt een probleem, of het nu om spiritualiteit of zinnelijke genoegens, rijkdom of het verlangen naar de aangename dingen des levens gaat. Het probleem zit hem in het 'hechten', zoals de Chinezen het hebben genoemd. Niet het genieten van het leven houdt ons van een leven in de geest van de tao af, maar uitsluitend het innerlijke vasthouden eraan. Ook hierbij is het volslagen zinloos en alleen een zelfkwelling om te zeggen: 'Goed, vanaf nu wil ik innerlijk helemaal vrij zijn van alle vormen van gehecht-zijn,' en vervolgens te proberen jezelf dat vrij-zijn voor te houden totdat er inderdaad een soort van vrijheidsgevoel optreedt. Helaas, zo makkelijk is het nu ook weer niet. Mensen kun je misschien met zulke maatregelen zand in de ogen strooien, maar de tao laat zich niet voor de gek houden. Een dergelijke aanpak is ten eerste vreselijk vermoeiend en ten tweede lukt het niet, want opnieuw is het ene denkbeeld slechts door een ander, in gelijke mate bindend model vervangen. Het is alsof je de duivel met Beëlzebub hebt uitgedreven. Maar er zijn makkelijker wegen om de waarheid over alles wat je bindt en waar je je aan vasthoudt te ervaren. Wanneer je hardnekkig en zonder enige innerlijke meningsvorming je reacties op de gebeurtenissen in het leven observeert en dan steeds op het moment dat ze plaatsvinden, zul je spoedig de vorm en mate van je gebonden-zijn waarnemen. Dit observeren is al meditatie, die aan geen enkele uiterlijke vorm en geen enkel van de tijd afhankelijk ritme is gebonden. Het gebeurt steeds op het moment dat de gebeurtenissen er aanleiding toe geven. Hierdoor blijft deze manier van mediteren levendig, verstart niet tot een routine en wiegt ook de geest niet in slaap. Zodra het besef van alle banden waar je aan vastzit diep in jezelf leeft en het intellectuele begrip van je toestand verre te boven gaat, zul je merken dat die banden geheel vanzelf hun macht over je verliezen. Als bij toverslag zijn de draden van je gebondenheid opeens verdwenen. Bij dit alles staat natuurlijk steeds voorop dat je jezelf ook echt innerlijk van al die aanhangsels wilt bevrijden en je je stiekem niet toch nog aan het een of ander probeert vast te klampen.

Aan dit losmaken van alle banden kleeft namelijk nog een ander probleem: het verlangen naar persoonlijke zekerheid. Zolang je aan een of andere instelling, ideologie of organisatie gebonden bent, put je daar zekerheid uit. Je voelt je deel van de maatschappij en het feit dat je je aan de orde en spelregels ervan aanpast, geeft je een gevoel van geborgenheid. Je vindt houvast in je relatie, je beroep en je dagelijkse, vastgeroeste gewoonten. Dat alles brengt een schijn van zekerheid met zich mee en dat schijnt de mens nodig te hebben; die zekerheid is tenslotte het enige wat de misère van de enorme innerlijke onvrijheid van de mens nog enigszins verzacht. Maar deze zekerheid is absoluut bedrieglijk, ze is relatief, in waarheid bestaat ze alleen als intellectueel of emotioneel denkbeeld; het is een duurzame kalmeringspil. Maar die duurzame werking is niet tot aan de dood gegarandeerd. Iedereen is op een gegeven moment gedwongen de waarheid onder ogen te zien, de een eerder dan de ander. Want een verstandelijke zekerheidsconstructie is geen zekerheid en wanneer het leven ons dan met serieuze uitdagingen confronteert en het zekerheidsfundament om ons heen instort, staan we er opeens volkomen naakt voor, als een mossel die van zijn beschermende schelp is beroofd. De mens die dat overkomt – en het gebeurt dagelijks overal ter wereld – komt vervolgens tot de conclusie dat hij op drijfzand heeft gebouwd. Hij ziet zich van alle steun- en oriëntatiepunten beroofd. Maar vaak heeft hij juist dan een verbijsterende ervaring waar de meeste mensen helemaal niets van begrijpen: als je in het leven al eens een ingrijpende crisis hebt doorgemaakt waardoor je hele leven overhoop werd gehaald, dan zul je je herinneren dat de ommekeer ten goede precies in de fase kwam waarin je zo uitgeput was dat je het bijltje erbij neer had gegooid. Toch is dat toen niets anders dan de hand van de tao geweest, want die treedt juist krachtig in werking op het moment dat wij het roer loslaten en het totaal opgeven. Dan kan die onvoorstelbare, kosmische kracht in ons zijn werk doen en dat met een intelligentie die zich aan ons denkvermogen onttrekt. Onze existentiële problemen vinden een oplossing op een manier waaraan een diepe wijsheid ten grondslag ligt die ons eigen verstand ontbeert. Je kunt hieruit afleiden dat het dwaas is je al te zeer aan de schijnzekerheden van het dagelijks leven vast te klampen.

Wie zich voor de levenskunst van de tao openstelt, zich aan het intuïtieve handelen overgeeft en zich in de geborgenheid van zijn eigen innerlijke autoriteit nestelt, zal het leven en de dagelijkse beslommeringen in het vervolg met andere ogen bekijken. Die geestelijke instelling is *echte* zekerheid, maar het is boeiend om te zien hoe de gedachte aan zekerheid sterk aan belang inboet zodra we eenmaal hebben geleerd ons leven aan de stroom van de tao over te laten. Want de levensstroom is identiek met de tao, zoals ook wijzelf er identiek mee zijn. Vanaf het moment waarop we dat erkennen, hoeven we niet meer te knokken of ons af te peigeren, of dag en nacht over zorgen of moeilijkheden in te zitten of ons af te vragen waarom ons leven uit weinig plezierige dingen en veel problemen bestaat. Je kunt iedere vorm van doelstelling uit je gedachten bannen, want wanneer je attent in het hier en nu de loop der dingen volgt, brengt je dat op iedere gewenste plek en bij elk doel voordat je je daar zelf al een voorstelling van hebt kunnen maken. Ja, het is absoluut noodzakelijk dat je je motieven, het streven en je verlangen om iets te worden wat je nog niet bent, opgeeft. In plaats daarvan moet je leren niets meer te doen, maar te observeren, oplettend te zijn. Dat is de ware kunst van het intelligente handelen. 'Het' handelt voor jou en dat beter dan je verstand het ooit zou kunnen doen. Iemand die deze waarheden echt begrijpt, leeft vanuit zijn geestelijke midden. Over dat midden is op deze aarde al veel onzin geschreven. Leven vanuit het midden betekent in eerste instantie dat je niet aan een bepaalde richting gebonden bent. Zo kun je vanuit je centrum ongehinderd direct en onverwijld naar alle richtingen in actie komen, je bijdrage leveren en weer naar je kern terugkeren. Die kern mag je beslist niet als een bepaalde plek zien, integendeel, deze kern heeft, hoe raar het ook mag klinken, universele, kosmische dimensies en is niet aan bijvoorbeeld een plek ter hoogte van je middenrif gebonden, of aan je hart of je buik. Wie vanuit zijn midden leeft, kan van een hoge mate aan spiritualiteit vervuld zijn en zich desondanks toch met plezier aan alle mogelijke vormen van zinnelijke genoegens overgeven. Wanneer hij daarmee klaar is, keert hij naar het midden terug zonder dat ook maar iets van het gebeurde zijn geest blijft bezighouden. Dit is de wijze waarop echte vrijheid tot uitdrukking komt. Alle pogingen om iemand eenzijdig te oriënteren, door hem bijvoorbeeld tot een streng religieus leven te verplichten en daarbij iedere vorm van levensvreugde als zondig te bestempelen en te verbieden, maken het diegene onmogelijk vanuit het midden te leven. Hij is eenzijdig georiënteerd, verminkt. En degenen die hem die levenswijze hebben voorgeschreven, zijn geen haar beter. Hier leidt de ene nar de andere.

Laat me dit alles nog eens kort samenvatten: tao is geen weg, het is de stap naar jezelf en naar je eigen innerlijke autoriteit. *Woe wei* betekent dat je niet zelf wilt handelen, maar dat je het handelen, het nemen van beslissingen, aan die autoriteit wilt overlaten. Deze bereidheid om zelf het roer van ons leven in verregaande mate uit handen te geven, gaat gepaard met de noodzaak onze zintuigen steeds meer op het heden te richten. In dezelfde mate waarin we – in plaats van voortdurend met onze gedachten door het verleden en de toekomst te cirkelen – ons leven van alledag observeren en het al onze aandacht geven, zullen vervolgens ons hele leven en onze kijk erop volledig veranderen. Hierbij wordt absoluut geen olympische perfectie verlangd. Het gaat erom in het hier en nu te leven, in de geborgenheid van het moment zelf. Het vrij zijn van meningen en banden vervolmaakt het beeld van een nieuwe manier om te leven. Die vrijheid is voor iedereen weggelegd, zolang men zich maar aan de gegeven adviezen houdt.

2 BEVRIJD JE VAN ALLE BANDEN

De structuur van een maatschappij wordt al eeuwenlang door een kleine groep machtige lieden gedirigeerd, ongeacht de staatsvorm van die maatschappij. En de groep die de macht in handen heeft, schrijft het volk voor wat goed voor hen is, dat wil zeggen, het volk heeft datgene waar de machtigen van profiteren maar als goed te accepteren. In onze maatschappij kun je de financiële concentraties als die macht beschouwen. Zij sturen de geleide economie die het beeld van onze maatschappij bepaalt. We kunnen tegenwoordig weliswaar onze regering zelf kiezen, maar op de keper beschouwd, is de keuze niet bijzonder groot, want we hebben ten eerste slechts de keuze tussen maar heel weinig ideologieën, die bovendien in principe nauwelijks van elkaar verschillen en allemaal op de een of andere manier in het kielzog van de groep machtigen op de achtergrond varen, en ten tweede regeert uiteindelijk een partij die door hoogstens de helft van de kiezers wordt gesteund. Dus trekt minstens de andere helft van de burgers in een democratie, ondanks de heersende vrijheid bij de vorming van een regering, aan het kortste eind. En degenen die de werkelijke, duurzame macht in handen hebben, de kopstukken in de grootindustrie, bij de banken en de verzekeringsmaatschappijen met hun multinationale belangen, die ondanks alle wetten tegen kartelvorming ons het hele economische systeem opleggen, zij laten zich door niemand kiezen. Ze zijn er gewoon en zij bepalen, onafhankelijk van zittingsperiodes, het lot en de welvaart van het land. Bij hen wordt de publieke opinie gevormd en bij hen ligt ook de oorsprong en het waarom van de aard van de maatschappijstructuur. Het individu, jij of ik, oriënteert zich al vanaf zijn jongste levensjaren op deze orde. Wij zitten dermate verstrengeld in regels, verordeningen en wetten dat we het ons niet eens meer bewust zijn hoezeer men ons van alle kanten betuttelt. Een leven zonder voorschriften hebben we nooit meegemaakt. Eerst zijn er de ouders die ervoor zorgen dat het kind tot een aangepast lid van de maatschappij opgroeit en daarna volgen school, opleiding of studie. Ook daar wordt de jongeling tot verdere aanpassing aan de heersende principes gepolijst. Zodra hij aan de opbouw van zijn maatschappelijk carrière is begonnen, ongeacht of dat als zelfstandig ondernemer of als werknemer is, merkt de nu volwassen mens opeens heel duidelijk hoe afhankelijk zijn of haar welzijn van de hiërarchie van de maatschappij is. In plaats van dat men zich hier uit dit benauwende vooruitzicht en de voortdurende druk vertwijfeld losrukt, heeft de mens een andere vluchtweg gevonden: hij verdringt de onverdraaglijke elementen en ervaring uit zijn bewustzijn naar het onderbewuste. Ik overdrijf niet wanneer ik stel – en daarin weet ik me door de meerderheid van sociologen en psychologen gesteund – dat het voor onze herinneringen toegankelijke bewustzijn een zodanig filter heeft dat er geen enkele ervaring is opgeslagen die niet aan de geldende spelregels van onze maatschappij voldoet. Zo effectief werkt het verdringingsmechanisme, het controleorgaan van onze drang tot zelfbehoud. Daarom zijn we tegenwoordig, in de toestand waarin onze geest verkeert, niet meer in staat de werkelijkheid waar te nemen zoals die daadwerkelijk is. Wat wij voor de werkelijkheid aanzien, zijn slechts fragmenten van de realiteit. Denkbeelden die bovendien door de optiek van onze vooringenomenheid nog vertekend zijn. Onze zintuigen worden allemaal dag in dag uit gecontroleerd; de waarnemingen worden gefilterd, door een zeef gehaald, niets nieuws of onbekends mag tot het bewustzijn doordringen. Dit mechanisme verhindert uiterst grondig dat er door waarneming nieuwe inzichten bij ons naar binnen sluipen. Alles wordt zorgvuldig in het onderbewuste weggedrongen, waar het een schijnbestaan leidt in gezelschap van traumatische ervaringen die nog uit de allervroegste kinderjaren stammen. Wij zijn nooit in staat meer en iets anders te zien dan hetgeen we hebben geleerd. Alleen dat kunnen we in onze vooringenomenheid als juist accepteren en dat is waarop we ons oriënteren en waarnaar we ons leven inrichten. Zo zit onze geest, zitten onze herinneringen nu eenmaal in elkaar. En daar spruiten onze gedachten ononderbroken uit voort. Op deze manier krijgen we slechts een sterk gecensureerd beeld van de werkelijkheid voorgezet.

Een tweede, bijkomstige vluchtweg uit de realiteit is deelname aan organisaties en religieuze instellingen, inclusief de diverse groeperingen met eigen levensfilosofieën (en de slimme zakenlieden die op de New Age-trend inspringen). Alleen al het bewustzijn dat je geïntegreerd bent in de maatschappij en daar een status aan ontleent, geeft een gevoel van zekerheid. De onpopulaire waarheden liggen tenslotte allemaal goed opgeborgen in het onderbewuste. Bovendien biedt het lidmaatschap van een gemeenschap, of die nu actief of passief is, een uitstekende, aanvullende garantie voor het voortbestaan van de verworven status. Men sluit de ogen voor alle gruweldaden om zich heen, voor het eigen wereldbeeld, voor de waanzin die zich in het eigen land afspeelt (het feit bijvoorbeeld dat giftige levensmiddelen niet worden verboden, maar dat men van tijd tot tijd de maximumgrens van toelaatbare percentages gifstoffen naar boven verlegt!) en kijkt de andere kant op. De schijnbare bescherming die deze organisaties en instellingen bieden, betalen we met de erkenning van hun autoriteit, door ons uiterlijke leven zoveel mogelijk naar hun maatstaven in te richten en ons innerlijk aan hun theorieën te toetsen. Uit deze elementaire onvrijheid, waarin ieder mens door zijn aanpassing aan de maatschappij leeft, vloeit nog een tweede onvrijheid voort: wij mensen kunnen gewoon niet begrijpen dat er dingen zijn waaraan geen prijskaartje kleeft. Doordat wij ons zo laten conditioneren, denken we dat we in de gemeenschap een groter aandeel zekerheid hebben gekocht. We doen en geloven wat andere mensen ook doen en geloven en dat beschouwen we als juist. Wanneer dan op een dag het noodlot toeslaat en we werkelijk in de problemen raken, moeten we vaststellen dat echte zekerheid nergens te vinden is, hoe wanhopig we er ook naar zoeken.

Om vrij te zijn voor een leven in het moment zelf, moeten we ons van al dit soort banden losmaken. We mogen geen enkele autoriteit erkennen, niemand die ons voorschrijft hoe we moeten zijn of hoe we moeten worden. Om dit vrij-zijn van iedere autoriteit van buitenaf te bereiken, hoeven we er alleen maar voor open te staan. Dat is alles. Je hoeft geen verstandelijke strijd aan te gaan met een nieuw idee, met het besluit je met alle geweld van de dingen waaraan je op dit moment gebonden bent, te bevrijden. In veel dingen hoeft het ook helemaal niet tot een spectaculaire stap naar een uiterlijke scheiding te komen – dat is over het algemeen beslist niet noodzakelijk. Van belang is onze innerlijke opstelling ten opzichte van autoriteit. We moeten begrijpen dat het leven anders kan zijn dan we tot nu toe altijd hebben gedacht. De stap naar innerlijke vrijheid begint met het onder ogen zien van onze banden, ze net zolang onder de loep nemen tot we het gevaar dat erin schuilt, herkennen. Dat is voldoende. Alleen al door onze aandacht, die niet door gedachten mag worden verstoord, verliezen die banden hun invloed op ons. We worden vrij en ongebonden. In geen geval mag je je banden met het ontleedmes van een inhoudelijke analyse onder handen nemen. Wanneer je dat doet, schaadt het weliswaar niet, maar het baat evenmin. De kans is alleen groot dat je die analyse met observeren verwart, waarna je je vervolgens verwonderd afvraagt waarom de banden die je zo zorgvuldig hebt ontleed, niet verdwijnen en je blijven beperken. Ook nu wil ik benadrukken dat je deze nieuwe manier van leven, dit echt in het hier en nu aanwezig zijn, het makkelijkst verwezenlijkt door iedere vorm van kennis van je af te zetten. Alles wat je tot nu toe hebt geleerd, is voor de levenspraktijk van de tao van geen enkel belang. Kennis komt je in je beroep van pas of wanneer je een spijker in de muur wilt slaan. Maar aan je geestelijke ontwikkeling staat kennis alleen maar in de weg. Je moet echt met maagdelijke ogen, met de onbevooroordeelde blik van een kind je leven bezien. Dan zul je merken dat er iets verandert, dat de dagen anders verlopen dan daarvoor. Je zult deel van een proces gaan uitmaken dat geheel vanzelf en bijzonder intelligent voor jou het juiste doet. Daarbij ben je geenszins van je vrije wil beroofd, maar je handelen zal wijzer zijn, omdat je zowel ten aanzien van de uitdagingen van het dagelijks leven als in uitzonderlijke situaties met de juiste beslissingen reageert.

Hou dus steeds voor ogen: het gaat erom dat je al je banden, van welke aard dan ook, probeert te vinden, ze observeert en er aandacht aan blijft schenken tot je de totale omvang van je gevangenschap diep in je innerlijk overziet. Alleen die aandacht maakt dat er iets verandert. Voorwaarde is, net als bij alles wat je doet, dat dit observeren uitsluitend in het heden gebeurt. Het is niet van belang hoe je gisteren was of met welke banden je vroeger wellicht worstelde. Van belang is in welke toestand je nu verkeert. Het gaat erom dat je dat waarneemt. En die waarneming in het heden is al de stap naar verandering, waaraan jij vanuit jezelf met eigen kracht niets meer hoeft toe te voegen. Je oprechte wil, het feit dat je ervoor openstaat, je hartstochtelijke wens om vrij te worden is volstrekt voldoende.

3 HET FENOMEEN AANDACHT

In de poëzie en schilderkunst van het oude China speelt de tao een belangrijke rol. Van dichters weten we uit de overlevering dat ze zich tijdens het creëren van hun werk in een toestand van volstrekte leegheid van gedachten verplaatsten. Chang Chung-yuan schrijft hierover: 'Uit de wereld van het onderbewuste stijgen de structuren van zijn poëzie naar het bewustzijn op.' In deze toestand van verstandelijke leegheid leefden ze volledig in de geest van de tao. En wanneer je nu, na zo lange tijd, hun gedichten leest, is het voor een gevoelig mens onmogelijk om zich aan deze magie te onttrekken, ook al betreft het dan vertalingen waarin de complexe gelaagdheid van de Chinese symbolentaal door de onvermijdelijke interpretatie van de vertaler werd ingeperkt.

Deze leegheid van gedachten hangt nauw samen met het in de vorige hoofdstukken beschreven, belangrijke instrument dat ons voor een juiste omgang met ons leven ter beschikking staat: aandacht. Ik gebruik hiervoor een begrip uit ons alledaagse taalgebruik omdat het de betekenis van het feitelijke fenomeen het dichtst benadert, ook al is dat dan niet voor de volle honderd procent. Die aandacht is niet iets wat we makkelijk kunnen opbrengen, zoals bijvoorbeeld concentratie. Concentratie vergt weliswaar enige inspanning, omdat ze ons geestelijke vermogen aanspreekt en we onze hersenen en onze zintuigen moeten bundelen om bij het voorwerp waarop we onze concentratie richten, te blijven. Concentratie richt zich altijd op een bepaald punt en gaat van de hersenen uit. Ze is een denkproces en daardoor materieel, want iedere vorm van denken is materie, zoals ik later nog uit de doeken zal doen. Aandacht heeft niets met denken te maken. Integendeel. Gedachten vervalsen aandacht te allen tijde, veranderen onwillekeurig de aard ervan tot iets wat heel erg op concentratie lijkt. Ik heb zo-even al gesteld dat aandacht meer is dan de betekenis van dit woord in onze taal omvat. In wezen is er voor dit geweldige instrument van onze geest, dit overgangsgebied naar kosmische dimensies, in onze taal geen begrip dat de volledige werking ervan helemaal dekt. Daarom zullen we ons zo goed en zo kwaad als het gaat met 'aandacht' moeten behelpen. Ik zei al dat deze aandacht niet eenvoudig is op te brengen. Dat klopt. Hij ontstaat vanzelf wanneer er aan bepaalde voorwaarden is voldaan. Een van de voorwaarden heb ik in het tweede hoofdstuk beschreven: het vrij zijn van alle mogelijke banden, zowel vanbinnen als van buitenaf, een totale vrijheid van autoriteit. Dat bereiken we al door het exact observeren van onze diverse afhankelijkheden en dat leidt vanzelf tot vrijheid. Observeren is de tweede voorwaarde om in ons leven tot aandacht te kunnen komen. Onze geest, onze hersenen zijn in onze huidige toestand lui, traag en afgestompt. Onze gedachten bewegen zich ononderbroken in cirkels, waarbij ze voortdurend onbelangrijke of zogenaamd belangrijke gebeurtenissen herkauwen. Ze gunnen je geen seconde rust en we kennen geen enkele andere toestand dan dit volslagen onnodig voortzwetsende denkmechanisme.

Observeren is geen verstandelijk proces. In wezen is het iets heel simpels: ons valt iets op, een vlinder bijvoorbeeld of een vreemd gevormde wolk, en we kijken ernaar. Meer niet. Dat zou dan observeren zijn. Klinkt bijzonder simpel. Maar wat doen we hierbij in werkelijkheid? Dat we simpelweg alleen maar kijken, klopt niet, dat verbeelden we ons helaas alleen maar. Wanneer er plotseling voor onze ogen een prachtige vlinder opduikt, gebeurt dat tijdens het gebruikelijke, eeuwig doorkabbelende gezwets van onze gedachten. De zintuiglijke prikkel dringt in de hersenen door. Ondertussen heeft de vlinder zich (ter verduidelijking ietwat overdreven gesteld) alweer iets verder van ons verwijderd en is mogelijk zelfs achter een boom uit ons blikveld verdwenen. Pas na deze vertraging reageert onze geest. De hersenen nemen de projectie van het netvlies over, zoeken het geheugen af naar eventueel overeenkomstige beelden van het zojuist gebeurde, vergelijken die met elkaar, gaan in de afdeling woordenschat op zoek naar het begrip, vergelijken ook dat met het beeld en komen dan tot de conclusie: aha, een vlinder! Dan pas weet je bewustzijn dat je ogen een mooie vlinder hebben gezien. Van een spontane beleving, een rechtstreekse ervaring is echter geen sprake. Zoals gezegd, heb ik dit voor de duidelijkheid enigszins overdreven weergegeven, maar het is wel een feit, ook al verloopt dit vergelijkende denkproces bliksemsnel, zo snel dat we het niet registreren en we in de veronderstelling verkeren dat onze waarneming van de vlinder, die we 'observeren', een rechtstreekse belevenis is geweest. We hebben het vermogen verloren iets in onze directe omgeving zonder tussenkomst van onze gedachten te bekijken. Dat probleem moeten we oplossen, voordat er überhaupt een kans bestaat dat er in ons leven van aandacht sprake kan zijn.

Toen ik in het eerste hoofdstuk beschreef hoe je problemen kunt oplossen, namelijk alleen door dat observeren, dacht je misschien dat dat toch niet zo moeilijk kan zijn. Ik denk dat het nu zo langzamerhand duidelijk is geworden dat het toch niet zo heel makkelijk is. Het doen op zich is makkelijk en dat blijft het ook. Wat het verhaal zo gecompliceerd maakt, is die onzalige gewoonte van ons om voortdurend te denken. We weten niet beter, we moeten alles onderzoeken en analyseren. Dat gedrag is zozeer deel van onszelf geworden dat we het proces niet eens meer waarnemen. Merkwaardig genoeg werken we met deze manier om de dingen te bekijken recht tegen de werkelijkheid in; we nemen er afstand van en beleven de realiteit zoals de toeristen in de bus die foto's maakten in plaats van meteen te kijken. Wat wij dus op onze vertrouwde manier observeren, is niet de werkelijkheid, maar onze herinnering eraan. We ervaren de gebeurtenissen om ons heen onophoudelijk vanuit het verleden, omdat we niet meer in staat zijn in het heden te zien en te observeren.

We moeten dus opnieuw leren de dingen gewoon te bekijken zonder ze met onze herinnering te vergelijken of ze van etiketten te voorzien. Probeer het nu meteen eens. Kijk om je heen, observeer de vlieg op het raam of het gordijn waar de wind (of de termiek van de verwarming) langs strijkt. Kijk ernaar zonder je gedachten over het gebeuren te laten gaan. Moeilijk, hè? Slechte gewoonten die vanaf het allereerste begin ons leven zijn binnengeslopen en waarop niemand ons ooit heeft gewezen omdat nu eenmaal iedereen aan dezelfde gewoonte vastzit en die daarom ook niet als fout beschouwt, zijn niet zo makkelijk af te leren. Maar het kan wel. Op dezelfde wijze waarop je je huidige manier om de dingen te observeren hebt aangeleerd, kun je je ook deze nieuwe manier van – nu echt – spontaan zien en observeren eigen maken. Leer, wen je eraan om alles in je directe omgeving, zowel in het saaie leven van alledag als tijdens vakanties of wandelingen, met onbevooroordeelde ogen te bekijken. Analyseer niets van wat je ziet, becommentarieer het niet, denk niet 'berg' wanneer je een berg ziet, kijk er alleen maar naar, verder niets. En wat belangrijk is: doe het niet verkrampt, ga geen dingen denken zoals: 'Ik moet observeren en ik mag er niets bij denken.' Als je dat doet, zou je jezelf op een andere manier weer net zo in de tang nemen en je van de te observeren dingen verwijderen als wanneer je van het begin af aan je oude methode trouw was gebleven.

Observeren is een proces dat op zich heel ontspannen verloopt, geen enkele inspanning kost en ook verder geen enkele geestelijke arbeid vergt. Wanneer het niet meteen bij de eerste poging lukt om alleen maar te observeren, verkramp dan alsjeblieft niet. Hou je liever nog een poosje aan je oude manier om de dingen te beleven; je hebt het tenslotte al zo lang zo gedaan dat het nu op een paar dagen ook niet meer aankomt. Als je dit namelijk allemaal heel ontspannen en ongedwongen, zonder de drang dat er iets verandert of verbetert en zonder de eerzucht nu opeens een ander mens te willen zijn, op je af laat komen, zal het je min of meer als vanzelf in de schoot vallen. Eerder heb ik al gesteld dat observeren reeds de tweede fase in dit proces naar het leven in de geest van de tao is. Dus zul je parallel hieraan of misschien al eerder pogingen hebben ondernomen je van al je banden te bevrijden. Wanneer de gevolgen van die vrijheid zich laten gelden, reageert je geest ook meteen veel onbevangener. Zodra je je van alle belastende druk hebt losgemaakt, het aan de autoriteit van de tao overlaat de zaken te ontwarren, en alleen nog maar leeft, hier en nu, is er voor je gedachten nog maar weinig materiaal over waar ze zich al cirkelend mee bezig kunnen houden. Je geest en je gemoed zullen tot rust komen. Het verleden hangt niet meer als kleverig stijfsel aan je en de toekomst heeft geen angstaanjagende onzekerheden meer. Want spoedig zul je uit ervaring weten (voor wie in de geest van de tao leeft, valt er niets te geloven – hij ervaart) dat al je zaakjes in goede handen zijn.

Als observeerder raken we al het niveau waarop de tao zich laat gelden. Met name door het observeren van de eigen innerlijke processen, ook die waarbij we ons geen mening of oordeel vormen, leren we onze daadwerkelijke toestand kennen. Zo ervaren we wat er werkelijk al dan niet met ons aan de hand is. Normaliter gesproken vormen we toch altijd een beeld van onszelf, hebben we een vaste mening over onze sterke en zwakke punten, denken we voldoende over ons karakter te weten en kennen we onze grenzen. Toch weten we strikt genomen helemaal niets over onszelf. Wat we van onszelf weten, hebben we via de weg van het vergelijken ervaren. Bij alle eigenschappen die we onszelf toedichten, hebben we andere mensen als maatstaf genomen: we weten alleen hoe we in vergelijking tot anderen zijn. We vergelijken onszelf met wat we hebben geleerd, met wat volgens anderen een fatsoenlijk mens zou zijn, met wat succes precies inhoudt, met wat je voor je ontwikkeling moet doen of überhaupt met wat andere mensen vinden hoe wij moeten zijn én hoe we ons te gedragen hebben. Ook ons gedrag is daarom relatief. Je toetst je aan maatstaven die stuk voor stuk beperkt zijn. Het is heel belangrijk dat je je van het begin af aan van deze relativiteit bewust bent. Want alleen dan kun je dit inzicht door je waarnemingen bevestigd zien en erkennen hoe geconditioneerd je leven op dat moment nog is. Geloof me, de mens heeft over het algemeen geen flauw benul, niet het minste inzicht in wat hij werkelijk is. In het hele verleden heeft men het zwaartepunt van de beoordeling van het menselijk kunnen altijd op de gaven van zijn verstand gelegd. Op school wordt het verstand gecultiveerd en wordt de mens verleid zich geheel en al op het verwerven van kennis te concentreren, iets op het gebied van het denken te presteren. Dat er nog iets anders bestaat, wordt genegeerd. Natuurlijk kunnen we met onze ingeburgerde beschaving niet meer naar de toestand van de volledig in de natuur gewortelde oerbewoners terugkeren. Op onze planeet is voor de enorme mensenmassa niet voldoende ruimte meer. Maar een geestelijke terugkeer naar een met de natuurlijke levensstroom verbonden bestaan wordt uitsluitend door onze eigen vooroordelen en onwetendheid geblokkeerd. Alleen wij denken dat zo'n terugkeer niet meer kan of we zijn van mening dat geestelijke processen buiten ons verstand om volstrekte onzin zijn, afkomstig uit het brein van dromers of huichelaars. Toch heeft deze spiritualiteit van een leven in de geest van de tao niets heiligs in zich. Het leven is met het aardse verbonden en speelt zich te midden van materiële processen af.

De stille kunst van het observeren vormt de basis van de aandacht. Observeren is het materiële proces door middel van onze zintuigen. Voelen, horen, proeven en ruiken behoren daar evenzeer toe als zien, het zintuig dat we het meest gebruiken. Observeren is een proces waarbij alle zintuigen te pas komen en het is een misverstand om te denken dat het hierbij uitsluitend om een visueel proces gaat. Wanneer je hebt geleerd jezelf en je afhankelijkheden, je banden en je vooringenomenheid zonder doel, zonder verstandelijke analyse, te observeren, is er sprake van aandacht. Dit is de geestelijke tegenhanger van het observeren. Deze vorm van aandacht kun je je niet aanleren. Die komt helemaal vanzelf wanneer de basis ervoor is gelegd. En vraag nu alsjeblieft niet waaraan je kun merken dat er sprake is van aandacht. Dat zul je vanzelf wel merken, gegarandeerd! Wat je er zelf nog aan kunt bijdragen, is zorgen dat je glashelder bent. Met afgestompte, ongeïnteresseerde zintuigen kun je niet observeren en ook geen aandacht opbrengen. Pas wanneer je ongedurige geest tot rust is gekomen en je helemaal bevrijd van steeds terugkerende zorgen en problemen direct en zonder interpretaties door het denken van je dagen geniet, komt er een ongelooflijke hoeveelheid energie vrij die je tot dan toe zinloos verspilde. Deze energie bundelt zich dan geheel vanzelf in het proces van het observeren en is van zichzelf pure aandacht. Het is bijzonder lastig dit met passende woorden te beschrijven, omdat het proces op zich reeds alle begrip te boven gaat.

De dichters en schilders van de tao hebben in hun tijd geweldige kunstwerken gecreëerd. Zo duidelijk als de werken van deze geniale kunstenaars kan geen enkel boek, geen enkele tekst over de invloed van de tao op de mens zijn. Probeer eens of je iets van de Chinese kunst en poëzie uit die tijd onder ogen kunt krijgen. Bekijk eens de pentekening van een met sneeuw bedekte bamboestruik of lees een gedicht van Li Po of Wang Wei en laat de magische directheid van de boodschap op je inwerken.

Creativiteit en inspiratie gedijen op de voedingsbodem van *woe wei*, het handelen door niet te handelen. Hier is handelen observeren, is handelen aandacht. Alleen al door het waarnemen van een proces oefenen we er invloed op uit, verandert er iets. Dit proces verloopt voor ons ten gunste, er worden van ons geen zware inspanningen gevraagd om de dingen in een juiste richting te sturen. Begin er vandaag nog mee, probeer al je kennis buiten beschouwing te laten, vergeet alles wat men je heeft geleerd over hoe je als mens de gebeurtenissen in je leven tegemoet moet treden. Alles wat men je tot nu toe heeft bijgebracht, is relatief, is zwak en inadequaat. De ware kracht ligt in de diepte van je geest. Vandaaruit komt hij in actie en heeft je verstandelijke raad, je analyse, niet nodig, want hij overziet altijd het geheel, terwijl voor jou slechts een blik op een zeer begrensd deel van het bestaan is weggelegd, gebonden aan ruimte en tijd. De tao, mijn en jouw innerlijke ruimteloze dimensie, ontstijgt aan tijd, ruimte en denken. Probeer te leren om je lot onvoorwaardelijk in handen van deze kracht te leggen. En – tot slot: laat je door de ogenschijnlijke simpelheid van de methode niet misleiden. Achter de versleten begrippen 'observeren, aandacht, waarneming' ligt vanaf onze kant bezien het totale creatieve proces verscholen.

(Erger je alsjeblieft niet aan het feit dat ik je in de voorgaande hoofdstukken eerst heb aangeraden tot innerlijke vrijheid te komen door je banden te observeren en er aandacht aan te schenken, om vervolgens te verklaren dat aandacht pas uit de vrijheid van iedere vorm van bindende autoriteit voortkomt. Het is allebei juist. Dit proces heeft namelijk iets paradoxaals in zich, zoals de prent van de twee handen die elkaar tekenen, waardoor de ene zijn bestaan aan de andere te danken heeft.

Jij hoeft daarentegen echt alleen maar te observeren, die aandacht komt kennelijk vanzelf, al *voordat* je je van je banden hebt bevrijd. Omdat deze kracht zich aan de invloed van ruimte en tijd onttrekt, kan er van een chronologisch tijdsverloop geen sprake zijn, ook al blijft de wet van oorzaak en gevolg hierbij van kracht. Al in de aarzelende, onzekere beginfase ervaart degene die zijn leven aan de tao toevertrouwt, dat aandacht vanuit de toekomst op zijn bestaan inwerkt en hem in het proces van het observeren van zijn gebonden-zijn tot inzicht brengt en zo bevrijding mogelijk maakt.)

4 DE GEDACHTEN EN DE DENKER

Bij het lezen van de tekst tot nu toe zal het zijn opgevallen dat de tao met denken weinig op heeft. Inderdaad is er van de Chinese wijzen in vijfentwintig eeuwen niets overgeleverd dat je met denken had kunnen bereiken. In alle ons ter beschikking staande geschriften wordt veel over leegte gesproken wanneer het over geestelijke dimensies gaat. Leegte staat hierbij geenszins voor 'niets', tenzij je ervan uitgaat dat niets iets is, iets dat inhoud heeft of iets dat van groot belang is. In de oosters-filosofische betekenis is leegte de oertoestand van de kosmos, een leegte die potentieel al het geschapene in zich bevat. De menselijke geest in een toestand van stilte, dus vrij van gedachten, wordt aan deze leegte gelijkgesteld. Chuang Tze schrijft hierover: 'Wanneer je in uiterste stilte volhardt, zal het hemelse licht schijnen. Wie dit hemelse licht uitstraalt, zal zijn ware ik zien. Wie zijn ware ik behoudt, verwezenlijkt het absolute.' De verwezenlijking van het absolute houdt in dat je in het niets, in de leegte, met andere woorden: in de tao leeft.

Om dit iets duidelijker te maken zullen we onze manier van denken en het denken in het algemeen onder een uiterst kritische loep moeten leggen. Pogingen om het denken onder controle te krijgen of het te onderdrukken, zijn volkomen zinloos. Na enig tobben is iedere poging steeds weer tot mislukken gedoemd, omdat het zo nu eenmaal niet gaat. Druk, ofwel krachtsinspanning, veroorzaakt volgens de wetten van de mechanica, die opmerkelijk genoeg in zekere zin ook op geestelijk gebied in zekere zin gelden, tegendruk. In dezelfde mate waarmee wij met de nodige moeite iets proberen te bereiken, groeit de tegenstand en bereiken we niets. Pas wanneer we alles los kunnen laten, zullen de poorten naar succes zich openen. En wat we eerder met inzet van alle mogelijke middelen niet konden bereiken, valt ons dan als vanzelf in de schoot. In het zenboeddhisme gaat men dit probleem met de *koan* te lijf, een met het verstand onoplosbare denkopgave waarin een paradox besloten ligt. De zenleerling moet zich met al zijn geestkracht aan het oplossen van deze opgave wijden. Uiteindelijk komt er een moment waarop hij met het denken op de grenzen van het haalbare stoot en stort hij in... het denken houdt op en hij ervaart *satori*, een toestand van verlichting. (Of hij wordt al eerder gek, dat schijnt ook wel te zijn voorgekomen.)

Gedachten en ons ik, of ego, zijn bepalend voor elkaar. Het zijn allebei processen van materiële aard. Ze gaan van de hersenen, die materie zijn, uit. Afgezien van onze vijf zintuigen beschikken we over nog een aantal instrumenten die ervoor zorgen dat we het leven aankunnen. Zo is er de herinnering ofwel ons geheugen. Dat hebben we nodig om, als we onderweg zijn, de weg terug naar huis te vinden. Het zou niet goed gaan wanneer we ons ons eigen adres of ons telefoonnummer niet meer herinneren. De herinnering is een bundeling van alles wat we in ons leven hebben meegemaakt. Het totaal van die ervaringen zijn wij, dat is ons ik. Alles wat we over onszelf weten, hebben we op de een of andere manier in het geheugen opgeslagen, ofwel als resultaat van gebeurtenissen in het leven van alledag, ofwel als kennis die we in de verschillende stadia van leerprocessen hebben opgedaan. In ieder geval bestaat het beeld dat we van onszelf vormen en waarmee we ons met anderen vergelijken uitsluitend uit opgeslagen gebeurtenissen uit het verleden, al is dat nog zo kort geleden. Ook al is de laatste ervaring die tot ons zelfbeeld heeft bijgedragen nog maar een paar minuten oud, ze is oud. Daardoor weten we over onszelf alleen dingen die we door een belevenis of kennis uit de tweede of derde hand hebben leren kennen. Heel simpel gesteld: ons ik is een bouwsel dat door gedachten overeind wordt gehouden, gedachten die hun eigen bouwstoffen uit het geheugen betrekken. En dit geheugen is op zijn beurt in de loop der tijd uit gebeurtenissen ontstaan die eerst met behulp van gedachten zijn geanalyseerd, vergeleken en aangepast, voordat ze via het bewustzijn in het depot van de herinneringen mochten worden opgeslagen. Bijgevolg bestaat de volledige kennis over onszelf uit een reeks beperkte ervaringen die binnen een gesloten cirkel van beleving – gedachte – analyse – geheugen – en dan weer ervaring enzovoorts tot stand zijn gekomen. Een echte vicieuze cirkel. Voeg daar nog eens de vooringenomenheid aan toe die ons denken onvermijdelijk beïnvloedt, omdat we het nu eenmaal zo en niet anders hebben geleerd en onze ervaringen dienovereenkomstig interpreteren, dan wordt duidelijk dat we van die oorspronkelijke werkelijkheid steeds alleen het door onszelf gevormde vertekende beeld opnemen. Het ergste is daarbij nog dat we ons bovendien op het oordeel van anderen oriënteren van wie het bewustzijnsproces net zo beperkt is als het onze en die net zo min als wij in staat zijn de waarheid te herkennen wanneer ze ermee geconfronteerd worden. Maar men bevindt zich met zijn onjuiste levensinstelling, met de mening die men over zichzelf heeft, in goed gezelschap. Het mag dan verkeerd zijn, het is wel iets waarin je tenminste niet alleen staat.

Wij mensen vertoeven voortdurend in een illusie waarvan we denken dat het ons leven is. Toch is het slechts een denkbeeldig leven, gecensureerd door de vooringenomenheid van onze ervaring en alle kennis die we hebben opgedaan.

Het gaat er nu om dat je begrijpt dat dit leven uit het geheugen een leven in het verleden is. Het heden zelf is om precies te zijn eveneens een fictie die uit het denken voortkomt, geconstrueerd, kunstmatig, een begrip. Het verleden is helder en ondubbelzinnig, daarvoor hoeven we alleen maar naar de secondewijzer van ons horloge te kijken. Met al die piepkleine stapjes vooruit over de wijzerplaat laat hij verleden achter zich. En de toekomst is de andere kant van de wijzer, waar hij nog niet is, maar waar hij ononderbroken op afgaat. Waar is nu het heden? Ja, kijk, eigenlijk bestaat het heden helemaal niet. Er is alleen dat minieme ogenblik, niet langer en breder dan de secondewijzer van de klok. Dat is alles wat er van ons bouwsel van het heden overblijft, wanneer we er goed naar kijken. En toch ligt in dit zo krappe bestek, dat voortdurend verschuift, dat ons van seconde tot seconde ontglipt als we niet oppassen, de werkelijkhid van het leven, de realiteit van ons bestaan, verborgen. Beter gezegd: het heden verschuift niet – alleen houdt de klok en ons aangeleerde tijdsgevoel ons in die waan – het heden is altijd precies daar waar wij ons bevinden. Als wij ons bewegen, beweegt het heden met ons mee en als we stilstaan, staat ook het heden stil. Overal waar wij ons bevinden, is het heden. Maar we nemen het niet waar, omdat het zo fijnschalig is. Wij rekenen in tijdperken: jaren, maanden en in het beste geval dagen. Uren zijn voor ons alleen van belang wanneer we een afspraak hebben, een trein of de bus moeten halen of ons op een ontmoeting verheugen. Het eeuwige nu, het heden, is heel nauw met ons verbonden, ja, naar mijn stellige overtuiging is het een deel van ons. Maar we negeren het. Vanuit die slechte gewoonte verkeren we met onze gedachten onafgebroken in het verleden en zien op die manier het heden, het domein waarin de tao werkt, volledig over het hoofd. Het echte, actuele gebeuren laten we geheel en al aan ons voorbijgaan. Wanneer onze hersenen niet automatisch alle gebeurtenissen zouden opslaan zodat ze ons vervolgens vanuit het geheugen ter beschikking staan en wij ons eraan kunnen toetsen, dan waren we niet beter af dan de dronkaard die uit zijn roes ontwaakt en geen flauw benul heeft hoe hij daar op die plek verzeild is geraakt. We zouden volkomen gedesoriënteerd zijn en geen idee hebben van wat er in het heden is gebeurd, omdat we niet hebben opgelet, ergens anders waren en niet op de plek waar ons leven zich zojuist afspeelde.

Gedachten behoren alleen al door hun aard altijd tot het verleden, bovendien zijn ze materie, omdat ze een eindproduct zijn van onze hersenen, die eveneens materie zijn. Ons ik, ons ego, is een constructie die door het denken is opgebouwd en geheel en al uit gedachten bestaat. Daardoor is het eveneens een product van de hersenen en dus ook materie. En het is verleden! Het ik kan nooit in het moment van het heden bestaan, omdat het heden nooit door gedachten en dus door het ik kan worden bereikt. Daar moeten we rekening mee houden als we een stapje dichter tot onszelf willen komen. Het gaat erom dit inzicht diep in jezelf vast te houden: ons ik, dat synthetische bouwwerk van gebundelde ervaringen, herinneringen en gedachten is een wezen uit het verleden dat onmogelijk ooit in het heden kan bestaan. Nu vraag je je natuurlijk af: 'Maar wie bestaat er dan wel in het heden? Is er vandaaruit dan helemaal geen herinnering? Is het eigenlijk wel mogelijk om in het heden te leven, of is het een theoretische constructie om ons een beetje aan het twijfelen te brengen?'

Iedereen kan in het heden leven, in het hier en nu. Maar daar heb je aandacht, waarnemingsvermogen, voor nodig. Steeds wanneer je je leven kunt aanschouwen zonder in gedachten mee te gaan met wat je op dat moment meemaakt, wanneer je observeert, ben je automatisch in het heden, beleef je het ogenblik en kan geen macht ter wereld je eruit wegrukken, hoogstens jijzelf, als je weer in herinneringen en illusies vlucht. Aandacht ontstaat geheel vanzelf door observeren. Voor die aandacht hoef je geen moeite te doen. Het is zelfs iets wat volledig automatisch zal gaan, mits je je op observeren richt in plaats van je voortdurend met zinloze gedachten in te laten. Nu vraag je je uiteraard vertwijfeld af hoe je die barrière kunt doorbreken, want kennelijk zijn er geen alternatieven en zul je als je tot het heden wilt doordringen iedere vorm van denken van je af moeten zetten. Ook dit is weer lang niet zo moeilijk als het op het eerste gezicht lijkt. Er is namelijk een truc waarmee je kunt denken en toch ook in het heden kunt leven: observeer je gedachten! Dit is op twee manieren effectief. Wanneer je je gedachten (volstrekt ongedwongen zonder te verkrampen) observeert en dat dan wel voordat ze ontstaan, en je ze dus verwacht, dan zul je merken dat je denkprocessen steeds gedisciplineerder verlopen en na enige tijd van observeren vanzelf ophouden. En het tweede effect is verbluffend: doordat je je gedachten door middel van observatie tegemoet treedt, ze al bij het ontstaan opvangt, actualiseer je ze, transformeer je ze op die manier naar het heden. Zo heb je dus zowel geobserveerd als gedacht zonder je door die gedachten te laten meeslepen en in het verleden, in de geschiedenis, af te dwalen. Wanneer je leven eenmaal door aandacht in plaats van door denken wordt bepaald, kun je je zonder bezwaar aan de dagelijkse verplichtingen van je beroep wijden, die inzet van je geheugen en denken vereisen, en toch verwijder je je daarbij dankzij het effect dat die aandacht op je heeft geen millimeter uit het heden.

Laten we aannemen dat je begrijpt dat begrippen als ik, ego, gedachten en geheugen allemaal elementen van het verleden zijn en dat je hebt besloten het oude, onjuiste gedrag op te geven en in de toekomst zo goed mogelijk in het heden te leven. Wat is dan de volgende stap? Die is echt eenvoudig, ik heb hem zojuist al genoemd: observeer van nu af aan je gedachten, volg geduldig en volhardend het hele proces. Zonder er een commentaar, een beoordeling of een waardeoordeel aan te verbinden. Alleen maar observeren. Je zult merken dat er al heel snel een rust in je neerdaalt, dat het chaotische gezwets van je gedachten vervliegt en dat er na enige tijd een stilte invalt. Je hoeft die stilte niet met een of ander hulpmiddel in stand te houden. Wanneer je geest eenmaal tot rust is gekomen, wordt die stilte tot een wezenlijk element van je persoonlijkheid. Je zult vanuit deze toestand van vrede en kalmte handelen en leven. Het observeren van je gedachten kun je als meditatie opvatten. Maar daarvoor hoef je niet per se een bepaalde lichaamshouding aan te nemen, want die is toch zinloos wanneer je geest te traag of te gemakzuchtig is om te observeren. Die krachtsinspanning moet je in het begin zelf opbrengen, je moet je uit de lethargie van je vastgeroeste gewoonten losrukken en je met enthousiasme op een nieuw leven werpen. Zo zie je dat het steeds weer op observeren neerkomt, zo simpel en toch zo lastig.

Wat rest er nog wanneer je met deze maatregelen het denken hebt lamgelegd en je je ik in het verleden hebt achtergelaten? Dan leef je helemaal in je oorsprong, in de tao, en ben je volledig met zijn energie en zijn krachten verenigd. Vanaf die seconde is je leven van een volstrekt andere kwaliteit vervuld. Je leven verandert drastisch. Er zijn geen zorgen, geen ziektes, geen angst en onzekerheid meer. Al in het begin, wanneer je het instrument van de aandacht nog niet volmaakt beheerst, wanneer je nog regelmatig in je oude gewoonten vervalt, maar verder wel de innerlijke overtuiging koestert dat je in de geest van de tao wilt leven, zul je merken dat deze krachten zich bij jou al laten gelden. Zolang je in je huidige toestand volhardt, ben je door de tijd van de tao en de invloed die hij op je heeft, gescheiden. Jij leeft in de tijd die je zelf door je manier van denken hebt gekozen; de tao bestaat uitsluitend buiten de tijd. Heden is geen deel van de tijd, het heden, het nu, het moment zelf behoort tot de eeuwigheid, aan het heden komt nooit een eind. Tijd vergaat, uren verstrijken en kunnen door niets worden teruggehaald. Maar we willen nu niet filosoferen; dit is een praktisch boek met aanwijzingen over hoe je kunt zijn wat je werkelijk bent en hoe je je van de dwalingen van vooringenomenheid kunt bevrijden.

Om het kort samen te vatten: uit het denken komt het ik, het ego, voort en dat is op zijn beurt voor het totstandkomen van gedachten verantwoordelijk. Beide processen spelen zich in de verleden tijd af. Ook de toekomst is in zekere zin verleden tijd, want die is als een product van gedachten uit ervaringen opgebouwd uit het verleden. Om het denken in te perken, het lam te leggen, is het voldoende om de eigen gedachten te observeren. Ze zullen dan geleidelijk afzwakken en vaak zelfs helemaal verdwijnen – zonder dat je jezelf daarbij geweld hoeft aan te doen. Onderdrukken heeft geen zin. Wanneer ik besluit om mijn gedachten te beteugelen, is dat vervolgens weer een denkproces en beweeg ik me in een kringetje. Het observeren van gedachten is meditatie. Hier is geen uiterlijke vorm of lichaamshouding voor nodig. Met het observeren van de gedachten komt de geest tot rust, wordt helderder, productiever en vooral gevoeliger voor de zachte stem van de inspiratie die uit een dimensie voorbij de tijd en het denken stamt. Zo kan de mens geleidelijk volledig in het heden leven. Het hangt enkel en alleen van de onverstoorbaarheid af waarmee hij zijn eigen traagheid overwint en met observeren begint.

5 DE LEVENSWIJZE VAN DE TAO

Hoe leeft iemand nu eigenlijk in de geest van de tao? Laten we eerst Chuang Tze het woord geven:

> Jullie zijn oprecht en rechtvaardig, zonder te
> weten dat je door zo te zijn rechtschapen
> bent. Jullie houden van elkaar, zonder
> te weten dat dat goed is. Jullie
> zijn eerlijk, maar weten niet
> dat dat trouw zijn is. Jullie houden je
> aan je woord, zonder te weten dat je
> daarmee in geloof en vertrouwen leeft.
> Jullie helpen elkaar, zonder eraan te
> denken geschenken te geven of
> te krijgen. Zo laat je handelen
> geen sporen achter.

In de dialectiek van het taoïsme gaat het hier om mensen die de eigenschap van een 'onbehouwen blok' bezitten. De wereld van de onbehouwen blokken is een natuurlijke wereld waarin alles zonder opzet gebeurt, zonder motieven en zonder streven. Men leeft, staat open voor de schommelingen van het bestaan en ontvangt alle gebeurtenissen met open armen. De mens in de geest van de tao neemt zijn beslissingen spontaan. Nooit analyseert hij situaties, hij neemt ze intuïtief op en uit die intuïtie vloeit zijn handelen voort. Op die wijze is het voor het berekenende verstand onmogelijk tegen de stroom van de tao in te gaan. Wie in de tao verwijlt, weet dat hij de uitdagingen in het leven, zijn ellende en problemen niet meer met strijd, macht of inspanning te lijf moet gaan. Ook hoeft hij zijn hoofd niet meer te breken over hoe hij dingen op moet lossen. Als hij dat wel zou doen, zou hij zich van ontoereikende middelen bedienen en daarmee de deur naar continuering van leed en ellende in zijn leven openhouden.

De mens in de geest van de tao leeft volkomen in het heden. Hij is wel degelijk in het volle bezit van zijn herinneringsvermogen, maar hij gebruikt die herinneringen niet. Hij piekert niet over problemen. Hij denkt, wanneer hij voor zijn bezigheden kennis nodig heeft. Verder laat hij de gedachten komen en gaan zoals ze in hem opkomen, zonder zich ermee bezig te houden of ze te willen vasthouden. Hij staat niet toe dat ze zich in hem vastzetten en zich zoals vroeger op de voorgrond plaatsen. Hij is als een herfstwind die de bruine bladeren op laat dwarrelen. Hij raakt ze aan, maar voert ze niet ver met zich mee. Ze vallen van de boom en worden weer tot aarde. Zo gaat de mens in de geest van de tao met gedachten om. Natuurlijk kan hij niet helemaal zonder, want dat zou aan amnesie gelijk zijn en hem het leven onmogelijk maken. Maar hij wijst de gedachten de plek waar ze thuishoren. Voor de eeuwig kletsende gedachten is aandacht in de plaats gekomen. Hij is klaarwakker, hem ontgaat nog niet het kleinste detail van het dagelijks leven. En hij beziet zijn leven van alledag met totaal andere ogen. Terwijl vroeger zijn gereglementeerde, geconditioneerde verstand zijn zintuiglijke indrukken bij voortduring censureerde, ervaart hij de werkelijkheid nu rechtstreeks zonder vertekenende, corrigerende invloeden. Zijn wereldbeeld verandert en wordt van dag tot dag frisser, origineler.

De mens in de geest van de tao kent geen ongeduld. Overal waar hij zich bevindt, is hij op zijn plaats, is hij op zijn bestemming, namelijk bij zichzelf. Hij wacht nergens op. Wat gebeurt, gebeurt en dat aanvaardt hij. Net als een kersenboom, die in de lente in bloei staat en in de zomer vruchten draagt, niet het hele voorjaar tot ver in de zomer staat te wachten tot eindelijk de kersen rijp zijn: hij is er gewoon, bestaat, en zo leeft ook de mens in de geest van de tao van dag naar dag. Hij wil niets speciaals worden, want hij is. Er is niets wat hij beter zou kunnen worden en hij verlangt niet eerzuchtig naar aanzien en roem. Voor hem is zijn eigen, rijke leven voldoende. Voor hem is het niet van belang hoe dat leven door anderen wordt gezien en beoordeeld, hij leeft tenslotte voor zichzelf en niet voor de mensen in zijn omgeving.

De mens in de geest van de tao heeft niet geprobeerd zijn eigen tekortkomingen zoals begeerte, nijd, jaloezie, eerzucht, vrees of hoe ze ook allemaal genoemd worden, te bestrijden. Hij heeft ze als bij hem horend geaccepteerd, onder ogen gezien en zich ermee vereenzelvigd als iets dat hem vertrouwd is, dat menselijk is. Hij heeft ze zorgvuldig geobserveerd en houdt daarbij goed in het oog hoe hij in het heden op prikkels van buiten reageert. Bovendien heeft hij kennis over zichzelf vergaard, inzicht in het innerlijk van zijn wezen verkregen. Onder invloed van die milde aandacht is hij van binnenuit veranderd. Natuurlijk heeft ook hij zijn wensen, maar hij is er niet aan gehecht. Hij kan zich over materieel bezit verheugen, maar hij bezit, het is niet het bezit dat hem bezit. Hij controleert niet voortdurend of hij de juiste mentaliteit bezit, ja, hij kan het zich veroorloven om zich te laten gaan en heel ontspannen te leven, zonder hoe dan ook te verkrampen. Hij laat zich door niemand en door geen enkele instelling voorschrijven waaraan zijn gevoelsleven, zijn karakter, moet voldoen of hoe hij zich tegenover zijn medemensen te gedragen heeft. Hij leeft conform de innerlijke autoriteit van de tao, maar ook dat is hij zich niet bewust. Hij denkt niet na over moraal en gerechtigheid, hij weet dat hij juist handelt wanneer hij conform de spontane impulsen handelt die hem steeds op het juiste ogenblik invallen.

Hij heeft geen zorgen. Het verleden met zijn last aan gemaakte fouten en tekortkomingen is voorbij, bestaat niet meer en de mens die in de geest van de tao leeft, snuffelt nooit in zijn herinneringen om oud zeer op te rakelen. Wat hij vroeger aan ernstige dingen heeft gedaan, gaat hij niet uit de weg, daarmee identificeert hij zich zonder angst en hij ziet de begane fouten onder ogen.

Maar daar blijft het bij. Hij kwelt zich niet voortdurend met zorgen en put zichzelf niet uit met zelfverwijt en berouw. Problemen herkent hij onmiddellijk en schenkt hij direct, zonder te aarzelen, zijn volle aandacht. Hij neemt ze grondig in zich op. Daarna richt hij zich op de dagelijkse beslommeringen en vergeet de problemen weer. De in hem werkzame, grenzeloze intelligentie vindt er onnoemelijk sneller veel betere oplossingen voor dan zijn eigen begrensde verstand zou kunnen. Op die manier komt de boel geheel vanzelf in beweging. Hij komt in actie wanneer een impuls hem daartoe aanzet en dat dan zonder te aarzelen, zonder twijfel aan de juistheid van zijn inzet.

De mens in de geest van de tao kent geen depressies, neurosen of psychosomatische klachten. Het onderbewuste opent zich steeds verder voor hem. Hier is geen plaats voor verdringingen meer. Want wat hij beleeft, verwerkt hij direct via de zintuigen in het bewustzijn zonder dat het verstand de kans krijgt zijn censuur uit te oefenen. Daarom is hij evenwichtig, verkeert hij in een kalme en harmonieuze stemming. Omdat hij heeft geleerd zich aan niets, maar dan ook helemaal niets te hechten, omdat hij alles heeft losgelaten, is er een volmaakte onbevangenheid in hem neergedaald. Daarom zal hij nooit nerveus of geïrriteerd op iets ongebruikelijks of onverwachts reageren. Hij is in staat om van de mooie dingen van het leven te genieten op het moment dat ze zich aan hem voordoen en hij probeert dat plezier, dat moment niet vast te houden. Hij denkt er niet met weemoed aan terug, waardoor hij wat op dat moment gebeurt zou missen.

Hij is vlijtig, maar hij is niet van werkdrift bezeten. Hij gebruikt het werk niet als vluchtweg, zoals hij zich ook niet overdreven op andersoortige activiteiten stort om daarmee een zwakte te compenseren. Hij werkt omdat hij plezier in zijn werk heeft en niet om het zo snel mogelijk af te raffelen. Hij laat zich niet onder druk zetten. En toch presteert hij meer dan veel anderen die met inzet van al hun energie zwoegen. Juist omdat hij zich zo vrij en ongebonden aan zijn dagelijkse werkzaamheden zet, om die werkzaamheden te doen en niet vanwege het resultaat, gaat het hem over het algemeen ook goed af.

De mens in de geest van de tao is creatief. Zijn creativiteit beperkt zich niet tot een bepaalde kunstvaardigheid – zij doordrenkt zijn hele leven en komt in alles wat hij doet tot uiting. Hij is zich die creativiteit niet bewust; die is ooit op een dag in zijn leven opgedoken en laat zich sindsdien via hem gelden en draagt zo bij aan de kwaliteit van zijn dagen en zijn werk. Hij staat open voor menselijke contacten en gedraagt zich ongedwongen, open en vrij. Hij komt voor zijn mening uit, maar accepteert ook de opvattingen van anderen (uiteraard zonder ze zelf klakkeloos als richtlijn over te nemen). Hij is niet betweterig, maar doet zijn standpunt helder uit de doeken zonder daarbij agressief te zijn en anderen te willen overschreeuwen. Met politiek laat hij zich niet in. Maar hij volgt het wereldgebeuren met aandacht. Hij voelt zich medeverantwoordelijk voor wat er gebeurt en verdringt die verantwoordelijkheid niet. Hij wendt zijn blik niet af van oorlogen en volkerenmoord, van onvrijheid en tirannie. Hij neemt dit alles in zich op als bestanddelen van zijn leven en probeert er verandering in aan te brengen door het zijn aandacht te geven.

Hij is niet verslaafd aan genot, maar vol levensvreugde. Wanneer hij geniet, beleeft hij dat genot ten volle. Wanneer hij genoten heeft, is het genot voor hem voorbij; weemoedig noch verlangend denkt hij aan het voorbije genot terug. Hij vervolgt zijn weg tot zich een nieuwe aanleiding tot genot aandient. Zelf zoekt hij die aanleidingen niet op, ze bepalen zijn levensloop niet. Er is voor hem geen enkele reden om zich achter gewoonten te verschuilen die hem genot schenken en hem van de misère van het leven afleiden. Hij leidt een leven zonder angst en heeft dergelijke afleidingen niet nodig. Wanneer hij ze desondanks toch dankbaar aanneemt, dan is dat omdat het aanvaarden van leuke, prettige dingen voor hem tot het ervaren van het dagelijks leven behoort, net zoals werk, eten, rusten en slapen.

De mens in de geest van de tao gaat ongecompliceerd met zijn gevoelens om. Hij accepteert ze en laat ze ongehinderd hun gang gaan zonder ook maar enigszins te proberen gevoelens te onderdrukken. Laat staan dat hij zich voor die gevoelens schaamt. Plezier is plezier en verdriet is verdriet. Gevoelens bestaan voor hem niet als verbale begrippen, hij luistert niet naar wat er in hem omgaat om vervolgens vast te stellen: 'Aha, ik ben verliefd.' Voor hem zijn gevoelens ook niet slechts contrasten van andere gevoelens, is haat niet het tegendeel van liefde en vreugde niet het tegendeel van verdriet. Voor hem is vreugde zoals vreugde is en dat geldt ook voor verdriet. Niets is het tegendeel van iets anders. De mens in de geest van de tao ervaart gevoelens in het midden, hij neemt iets wat plezier geeft net zo frank en vrij aan en accepteert het, zoals hij ook verdriet zou aanvaarden wanneer het zich voordoet. Hij beleeft die gevoelens direct en niet interpreterend, zoals de meeste mensen. (Wie leert om gevoelens puur te ervaren, zal merken dat er in hem een volstrekt nieuwe dimensie in de waarneming van de werkelijkheid huist.)

Hij streeft niet naar invloed in de maatschappij en heeft niet de neiging er een rol in te willen spelen. Heeft hij succes – en dat heeft hij vrijwel altijd – en wordt hij daarvoor geprezen, dan stijgt die waardering hem niet naar het hoofd. Hij is in het diepst van zijn hart vol deemoed, omdat hij weet dat zijn lot door de tao wordt gestuurd, waar hij weliswaar volledig uit eigen vrije wil mee instemt, maar er ligt wel degelijk een oneindig wijze hand op het roer. In het geval hij taken in het openbare leven op zich neemt of als baas aan het hoofd van een grote onderneming staat, verliest hij nooit uit het oog dat hij zelf een van de velen is en dat de medemens net als hij naar genegenheid, liefde en mededogen verlangt. Dat zijn de grondbeginselen die hij altijd voor ogen houdt. Winst zegt hem niets. Hij streeft niet naar winst of rijkdom, want hij weet dat dat streven hem onvrij zou maken. Ook zonder streven vloeien de goede dingen des levens hem toe, juist omdat hij ze niet met alle geweld najaagt.

In een liefdesrelatie of een huwelijk behoudt hij zijn zelfstandigheid en innerlijke vrijheid. Dat wil niet zeggen dat die vrijheid als trouweloosheid kan worden gezien – de mens in de geest van de tao is standvastig – maar het betekent dat hij de integriteit en de behoeften van zijn partner in dezelfde mate respecteert als die van hemzelf. Hij is in staat lief te hebben zonder te willen bezitten. Hij ziet zijn partner niet als privé-bezit, maar laat zichzelf evenmin op die manier inpalmen. Hij behoudt zijn zelfstandigheid en is toch tot een hoge mate van liefde in staat. Ja, liefde kan eigenlijk alleen onder deze omstandigheden gedijen.

De mens in de geest van de tao leeft een leven zonder problemen. Alles speelt zich in het heden af. Hij volgt geen richtlijnen van instellingen, organisaties of religies. Hij laat ze allemaal voor wat ze zijn, maar zelf houdt hij zich buiten alle opwinding. Hij engageert zich niet en blijft ook hierin vrij en ongebonden. Zelf dringt hij niemand zijn mening op en onderneemt geen pogingen anderen tot zijn levensfilosofie te bekeren. Hij is onvermijdelijk een voorbeeld en dat voorbeeld wordt door anderen gezien. Men merkt de vredige rust die hij uitstraalt, zijn vitaliteit – en het succes dat hij ogenschijnlijk opvallend moeiteloos, ja ronduit jaloersmakend in zijn leven heeft. Wie hem ernaar vraagt, zal openhartig antwoord krijgen. De mens in de geest van de tao zal belangstellenden de aanwijzingen die tot zijn verandering hebben bijgedragen niet onthouden. Maar hij wil geen goeroe, geen leider zijn, omdat hij weet dat ieder mens de stap die hem tot zichzelf brengt, zelf moet zetten. De ander, die hem de weg wijst, is in het gunstigste geval de landkaart, de wegwijzer. De weg zelf, het landschap, de wegen, dat is het individu zelf.

6 TAO VERSUS POSITIEF DENKEN

Wanneer je je voordat je dit boek bent gaan lezen al eens met de ideeën over het positieve denken hebt beziggehouden, zoek je wellicht naar parallellen tussen de hier beschreven levenskunst van de tao en de aanwijzingen die andere auteurs over het omgaan met levensproblemen hebben gegeven. Zelf is het me bij lezing van het boek van Norman Vincent Peale opgevallen dat dit thema echt helemaal uit de zienswijze van het christendom van het Nieuwe Testament voortkomt, ofwel volledig – wat in zijn hoedanigheid van theoloog ook voor de hand ligt – op bijbelspreuken is gebaseerd. Daarna heb ik nog verschillende varianten van deze leer bestudeerd. En er zijn inderdaad overeenkomsten tussen het positieve denken en de weg van de tao, maar daarnaast zijn er minstens evenveel zwaarwegende verschillen.

Ze hebben met elkaar gemeen dat er bij beide sprake is van een macht die op ons leven inwerkt. Terwijl Peale daarbij nog van een ergens in een ontoegankelijk oord verblijvende, almachtige God uitgaat, wijzen de andere auteurs zeer terecht op het eigen innerlijk van de mens en zien dat als het uitgangspunt van kosmische, buitennatuurlijke energieën. Alle theorieën over het positieve denken hebben het inzicht met elkaar gemeen dat het denken op zich geen effect sorteert. Het is volgens hen in eerste instantie veeleer de benaming voor een nieuwe, al het negatieve ontkennende methode om de werkelijkheid van het dagelijks leven te zien. Als oplossing voor levensproblemen stelt men voor dat je je blik niet op het betreffende probleem richt, maar op de oplossing ervan. En wel zodanig dat je je het probleem heel intensief in de opgeloste toestand voorstelt, en dat zo beeldend en aanschouwelijk mogelijk. Verder wordt aangeraden de oplossing waar je op aanstuurt in de tegenwoordige tijd te formuleren, met andere woorden, de toestand waar je naar streeft als reeds bereikt te beschouwen. Je moet als je geld wilt hebben, dus niet denken en je voorstellen: 'Ik zal geld hebben,' maar: 'Ik heb geld' of 'Ik ben rijk.' Met deze verstandelijke formules richt je je tot een instantie die buiten je heldere bewustzijn ligt. Peale noemt het simpelweg God, de anderen het onbewuste, onderbewustzijn of je hogere zelf. In principe zijn dat allemaal synoniemen voor de grote tao (op zijn beurt weer een synoniem voor het Onzegbare, zoals de Chinese wijzen het noemden). Namen zijn holle klanken, maaksels van ons beperkte denken, die de inhoud waar ze naar verwijzen nooit helemaal dekken.

De geestelijke vaders van het positieve denken was het in ieder geval duidelijk dat deze dimensie iets is waar het verstand niet bij kan. Je kunt eindeloos denken en wat mij betreft voor je uit mompelen: 'Ik ben gezond,' maar zolang dit idee niet op een of andere manier de zuiver materiële cirkel van bewustzijn en denken doorbreekt, zal er aan je toestand niets veranderen. Vervolgens ging het erom naast dit denkproces nog iets te vinden wat ervoor zorgt dat de verzoeken en wensen van de denker daadwerkelijk tot de plek doordringen waar die autoriteit zetelt. Daar bleek de autosuggestie heel geschikt voor, in de vorm van intensieve concentratieoefeningen, waarbij men zich op de oplossing van het probleem richt tot het geheel automatisch in de diepere regionen van het bewustzijn wegzinkt, of door erover te denken in een toestand van diepe ontspanning waarin men zichzelf heeft gebracht, of vanuit een meditatie die verwant is aan het gebed of er zelfs geheel identiek aan is, wat in al deze gevallen een onwrikbaar geloof vereist. Het afwijzen van alle twijfel speelt sowieso een grote rol bij het welslagen van dit spel met wensgedachten en het beïnvloeden van het eigen lot door middel van deze methode. In feite stelt niet alleen Norman Vincent Peale het geloof in het welslagen als voorwaarde, het wordt eigenlijk door alle vertolkers van de school van het positieve denken als noodzakelijk voor het functioneren gezien. En daarmee zijn we al bij de zwaarwegende zwakke kant van de methode aangekomen (waarbij ik niet zeg dat die niet zou werken wanneer iemand zich voldoende inspant).

Maar laat ik het allemaal eerst eens op een rijtje zetten. De fundamentele overeenkomst tussen de tao en het positieve denken zit hem in het grondbeginsel van de macht vanwaaruit we een verandering van onze levensomstandigheden verwachten – en die ook krijgen. Deze kracht is een dimensie die ieder mens in zich heeft. Hij heeft hem van begin af aan meegekregen en hoeft geen moeite te doen om er op de een of andere manier aan te komen. Een andere overeenkomst is het besef dat deze dimensie niet door alleen maar te denken, via een verstandelijk proces, te bereiken is. Maar vervolgens gaan de wegen uiteen. Ze komen uiteindelijk, wat het effect betreft, wel weer bij elkaar, maar het traject er tussenin is totaal verschillend. Bij het positieve denken gaat men ervan uit dat deze kosmische macht een soort automatisme is waarbij men aan de hand van een gedachten- en verbeeldingsmodel exact moet aangeven hoe de gewenste oplossing eruitziet. Of men laat de details open en concentreert zich niet op het probleem zelf, maar op de eindtoestand. De auteurs van het positieve denken wijzen er steeds weer op dat je hierbij geen verstandelijke fouten mag maken, omdat dat anders tot het tegendeel van het gewenste resultaat zou kunnen leiden. Het gaat er dus om dat je je met de oplossing identificeert en niet met het probleem. Stilzwijgend wordt hierbij de innerlijke autoriteit van de voor de mens begrijpelijke intelligentie ofwel ontkend ofwel wordt er een stereotiepe werking aan toegedicht. Inderdaad schijnen deze krachten in de mens nogal star te reageren wanneer je ze uitsluitend met denken probeert te bereiken en je – de daadwerkelijke misère onderdrukkend – aan de hand van ideeën over reeds voltrokken veranderingen in je leven de op zich al ononderbroken vlucht uit de realiteit energiek voortzet.

Dat is de essentiële zwakte van deze filosofie. Bij het positieve denken wordt het zich afwenden van de realiteit praktisch aan de beoefenaar opgedrongen. De mens heeft zich al sinds zijn kinderjaren van zijn gevoelens vervreemd. Wat wij nu waarnemen en als gevoelens interpreteren, is in werkelijkheid slechts denken over gevoelens, maar het zijn niet de gevoelens zelf. We hebben nooit goed geleerd onze innerlijke gevoelens te observeren, ons er zonder restricties voor open te stellen, ons er ten volle aan over te geven. Altijd stonden onze gedachten ons daarbij in de weg. In plaats van zijn gevoelens onder ogen te zien en zich ermee te identificeren, er 'ja' tegen te zeggen, verdringt de mens wat onaangenaam voor hem is. Dat hij, door het op deze manier aan te pakken, ook buiten het bereik van de positieve gevoelens leeft, merkt hij niet, omdat hij voor liefde, geluk of welbehagen verstandelijke begrippen heeft gevormd en die voor liefde enzovoorts aanziet.

Met positief denken negeert de mens de misère van zijn bestaan en maakt er in zijn fantasie, in zijn verbeelding, in mateloze dagdromen of doelgericht iets anders van dan wat het in werkelijkheid is. Terwijl hij van tevoren de realiteit al niet begrijpt, omdat hij zijn bewustzijn alleen voor de processen des levens openstelt die aan de algemene richtlijnen van de beschaving waarin hij leeft, voldoen, verwijdert hij zich daarmee nu helemaal van zichzelf en zijn problemen. Met dit denken pompt hij zijn ego op, versterkt het. Want het menselijke ik, het ego, is puur een product van denken en gedachten. Terwijl de mens in de geest van de tao probeert daarvan los te komen en het denken de plek geeft waar het thuishoort, wordt met het positieve denken het gehecht zijn aan materiële processen feitelijk gestimuleerd. Uitsluitend op een manier leven waarbij ik mijn problemen verdring, ze negeer of in gedachten verander, en me de oplossingen voor die problemen of levensomstandigheden voorspiegel, is lapwerk. Ik verwijder me daardoor juist van het geheel van waarnemingen van het leven. Ik neem veilig afstand van de realiteit, niet van de relatieve realiteit zoals ik die in principe zie, maar van de absolute realiteit. Die kan ik nooit onvervalst waarnemen wanneer ik me voortdurend in een sluier van illusies hul. De tao leert ons alle banden los te laten en alle autoriteit van buitenaf af te wijzen. Een mens in de geest van de tao onderwerpt zich aan geen enkele ideologie, geen enkel reglement. Alleen de autoriteit van de tao zelf is voor hem richtinggevend. Wie zich op het positieve denken toelegt, zit onveranderd in de vicieuze cirkel van zijn banden en afhankelijkheden opgesloten. Deze manier van denken brengt geen vrijheid. Het is weliswaar mogelijk dat het werkt en dat problemen wanneer ze met het passende geloof worden aangepakt, tot een oplossing komen, maar angst en liefdeloosheid zullen het leven van zo iemand blijven bepalen, wat hij zichzelf daarbij in zijn gedachten ook voorspiegelt. En omdat hij de subjectieve realiteit ook nog eens corrigeert en negatieve kanten ervan negeert, zal er altijd weer twijfel aan de juistheid van zijn handelen opduiken. Geloof en twijfel komen allebei uit gedachten voort. Ze zijn materie en slechts indirect van invloed op ons bestaan. Geloofsregels (of voortdurende twijfel of geforceerd pessimisme) beïnvloeden het leven van alledag pas wanneer de gelovige gedachten tot een suggestie leiden die dieper dan het eigenlijke denken gaat. Alleen een proces dat zich buiten ons bewustzijn afspeelt, verandert ons lot of bepaalt het uiteindelijk. En de mens die positief denkt, zoekt onafhankelijkheid en zekerheid door aan de macht van zijn hogere zelf, zijn innerlijke autoriteit of God te geloven. Maar dat maakt hem nog niet vrij. Hij heeft alleen aan de afhankelijkheid en betrekkelijkheid van zijn bestaan een nieuwe dimensie toegevoegd, namelijk de afhankelijkheid van dat geloof. Van de mens in de geest van de tao wordt geen geloof verlangd. Hij ís. Verder niets. Hij mag geloven of twijfelen, zolang hij is wat hij nu eenmaal is, kan het een noch het ander hem op wat voor manier dan ook beïnvloeden. Hij gaat vrij van afhankelijkheden en autoriteit door het leven. Vanuit die vrijheid ziet hij de dingen zoals ze daadwerkelijk zijn, hij spiegelt zichzelf niets voor en maakt zich geen enkele illusie. Hij vertrouwt de macht uit ervaring en niet vanuit een geloof. Wanneer zijn leven ellendig is, vol lastige beslommeringen en zorgen, dan erkent hij dat en negeert het niet. Hij zegt 'ja' tegen het leven zoals het zich aan hem voordoet. De schaduwzijden ervan accepteert hij net zo goed als de zonnige kant. Hij identificeert zich met zijn angsten in plaats van ze te onderdrukken of ze door allerlei vluchtmechanismen te verdoezelen. En daardoor krijgt hij macht over zijn angsten. Ze verdwijnen uit zijn leven, gewoon omdat hij niet bang meer voor ze is.

En dat, beste lezer, is het hele geheim. Door alle dingen die het leven te bieden heeft, te aanvaarden, komt de mens in de geest van de tao nooit in conflict met de werkelijkheid. Hij bekijkt alles wat er gebeurt zonder er met gedachten aan te willen sleutelen of te proberen er verandering in aan te brengen. De verandering – en dat is heel belangrijk om te weten – brengt de geweldige intelligentie van de tao geheel vanzelf tot stand. Het hoeft ons absoluut niet te bevallen wat wij in ons leven waarnemen, wat wij objectief en eerlijk bezien. We kunnen ieder commentaar volstrekt achterwege laten. Vervelende dingen, moeilijkheden of conflicten herkent onze buiten het verstand bestaande intelligentie voordat ze tot ons bewustzijn doordringen. Daarom is het zinloos ons met onze beperkte mogelijkheden een voorstelling te maken over hoe ons leven eruit zou moeten zien en ons daar vervolgens aan vast te klampen. De krachten van de tao willen vrij en ongehinderd kunnen vloeien. Met iedere maatregel uit eigen initiatief zouden we dat alleen maar tegenwerken. Bovendien wordt ons eigen, spontane handelen eveneens door die uitzonderlijke creativiteit bevleugeld, zodat ons leven alleen al door deze stimulerende energie een geheel andere koers dan voordien gaat volgen.

Trouwens, probeer je eens te herinneren wat voor jou in het leven tot nu toe belangrijker was: dat al je wensen werden vervuld of dat je in staat was steeds de juiste beslissingen te nemen. Als je eerlijk bent, zul je bevestigen dat onvervulde wensen zelden kwalijke gevolgen hebben gehad, integendeel, soms was het zonder meer goed dat er een wens niet werd gerealiseerd. Veel ingrijpender in het leven van ieder mens zijn de beslissingen die hij neemt. Daarbij kunnen fouten voor het hele verdere leven catastrofale gevolgen hebben en kan een juiste handelwijze een ongelooflijke zegen zijn.

7 DE INNERLIJKE DIALOOG EN DE *I TJING*

De geesteshouding van de tao is van nature positief. Wie zo goed mogelijk in het heden leeft en zijn zintuigen op de dingen richt die op dat moment om hem heen gebeuren, wordt niet geraakt door belastende gebeurtenissen uit het verleden. Het verleden is voor hem een bouwsel van herinneringen, die hij alleen ter oriëntering gebruikt. Zorgen maakt de mens in de geest van de tao niet, omdat hij problemen direct nadat ze opduiken zijn aandacht schenkt, in plaats van ze te verdringen en ze de gelegenheid te geven op de achtergrond een voortdurende druk uit te oefenen. Pas wanneer je de heerlijke kunst verstaat de dingen steeds recht in de ogen te zien, zul je ervaren hoe mooi en onbezorgd het leven kan zijn. Uitdagingen zijn dan, in welke vorm dan ook, geen bedreiging voor de innerlijke rust meer, maar worden gezien als wat ze in werkelijkheid nu eenmaal zijn: uitdagingen aan de mogelijkheden die we in ons hebben. En die mogelijkheden zijn nooit zwakker of minder dan de druk die van buiten op ons afkomt.

Er is een middel, om met deze buiten het denken gelegen dimensie in contact te komen, ondanks de kloof waarmee we al sinds onze kinderjaren leven, en er vragen aan te stellen en adviezen in te winnen. Wie het een en ander over het leven vanuit het midden van de tao weet, weet ook dat *Het Boek der Veranderingen*, de *I Tjing*, al eeuwenlang onafscheidelijk met de tao verbonden is. Er is een onafzienbare rij boeken over de *I Tjing* geschreven en het is niet mijn bedoeling hier de inhoud van die boeken te herhalen. Mocht je besluiten de mogelijkheden die in de *I Tjing* worden aangereikt, daadwerkelijk aan te grijpen, dan zul je er sowieso een goed boek over moeten aanschaffen, omdat voor het werken met de *I Tjing* een goede vertaling als naslagwerk onontbeerlijk is. Je krijgt dan een boek in handen waarin de *I Tjing*, al naargelang het oordeel van de vertaler, als een orakel of een gezelschapsspel wordt beschouwd, of in de zin van de serieuze aanhangers van de tao als een feilloos instrument waarmee je aan de oneindige wijsheid van deze kosmische kracht kunt deelhebben. En uit eigen ervaring kan ik je verzekeren dat

dat laatste absoluut mogelijk is. Mettertijd zul je met de *I Tjing* een vertrouwensrelatie opbouwen, en bij alles wat je doet zul je de methode waarmee je inzicht in je diepste innerlijk verwerft, steeds meer ruimte geven. In een aantal gevallen hebben mensen beschreven hoe ze voor iedere dag van het jaar van tevoren de *I Tjing* raadpleegden, waarna ze de resultaten noteerden om die later met het actuele gebeuren te vergelijken en te zien in hoeverre de voorspelde gebeurtenissen uitkwamen en de aanbevolen handelingen terecht waren. Stuk voor stuk zijn het getuigenissen van de verbazingwekkende precisie van de aanbevelingen die door dit boek worden gegeven.

Hoewel de geschriften van Lao Tze en Chuang Tze pas uit de laatste twee- tot tweeënhalfduizend jaar stammen, gaat de geschiedenis van de tao aanzienlijk verder terug. In de geschriften van de beide eerdergenoemde schrijvers komt de *I Tjing* weliswaar niet ter sprake – de link met de tao werd pas later gelegd – , maar toch is de karakteristieke filosofie van de *I Tjing* onafscheidelijk met die van de tao verbonden. De eerste aanwijzingen dat er gebruik van het orakel werd gemaakt, stammen uit een ver verleden, van meer dan 3000 jaar voor het begin van onze jaartelling. Tegenwoordig werkt men met drie munten die zes keer worden geworpen, waarbij de verhouding van het aantal keren kop of munt door een doorgetrokken streep (–) of een onderbroken streep (— —) wordt weergegeven. De doorlopende streep symboliseert het mannelijke (Yang) en de onderbroken streep het vrouwelijke (Yin). Deze zes tegenover elkaar staande strepen vormen tezamen een hexagram. Er zijn maximaal 64 van dit soort hexagrammen mogelijk en het *Het Boek der Veranderingen* bevat evenzoveel spreuken, of oordelen, zoals ze in het boek worden genoemd. Vroeger, in de begintijd, wierp men met botjes, waarin zowel vragen als antwoorden waren gesneden. Tot op de dag van vandaag vinden boeren bij het ploegen nog altijd verhoudingsgewijs veel van dit soort botjes. Ik wil hier nu niet verder op de toepassing van de hexagrammen ingaan, want die vind je in ieder boek over de *I Tjing* aanmerkelijk beter beschreven.

Mij gaat het erom dat ik laat zien hoe de innerlijke dialoog met je kosmische autoriteit in zijn werk kan gaan en hoe je bij beslissingen deze hulp, die je van een zekere handelwijze op alle levensniveaus verzekert, kunt inroepen. Zo'n innerlijke dialoog is weliswaar ook zonder het medium van de *I Tjing* mogelijk, maar dat vergt veel ervaring, omdat hierbij door het insluipen van eigen gedachten steeds het gevaar van zelfbedrog bestaat. Dat is bij consequent gebruik van het *Het Boek der Veranderingen* zo goed als onmogelijk. Toch kom ik later nog terug op het omgaan met de genoemde innerlijke dialoog, het gesprek met je tao, maar eerst wil ik iets meer van de praktische mogelijkheden van de *I Tjing* laten zien.

Wie de *I Tjing* als gezelschapsspel beschouwt, is er slechts oppervlakkig mee vertrouwd en kent van zichzelf ook alleen de dingen die zich aan de buitenkant van zijn persoonlijkheid bevinden. Als je ze slechts vluchtig bekijkt, kun je de indruk krijgen dat de teksten in het *Het Boek der Veranderingen* voor velerlei uitleg vatbaar of mystiek zijn. Het probleem is ook hierbij de vertaling. Chinees is een symbolentaal en geeft de vertaler veel speelruimte voor eigen interpretaties. Dat zie je het duidelijkst aan gedichten die uit het Chinees zijn vertaald. Soms herken je hetzelfde gedicht niet meer terug, omdat het steeds door anderen is vertaald. Ondanks deze ogenschijnlijke tekortkoming beantwoordt de *I Tjing* wel degelijk aan zijn doel.

Wie in de geest van de tao probeert te leven, zal al snel merken dat zijn intuïtie sterker wordt. En zonder die intuïtie zal de *I Tjing* een gesloten boek blijven of zul je nooit de betekenis van de boodschap die er voor jou in besloten ligt, kunnen begrijpen.

De manier waarop het orakel wordt geraadpleegd, is heel eenvoudig. Stel, je hebt een probleem (en wie heeft dat niet?). Eerst denk je heel diep over je probleem na. Vervolgens hou je op met denken en probeer je het probleem alleen te bezien, zo neutraal mogelijk, zonder het op de een of andere manier te interpreteren of naar een oplossing te zoeken. Ik weet dat dat in het begin heel lastig is. Je hebt waarschijnlijk het idee dat je door er niet meer over na te denken ook je betrokkenheid bij dat probleem kwijt bent. Toch lijkt dat alleen maar zo. In werkelijkheid heb je juist de dichtst mogelijke benadering van het probleem bereikt, wanneer je er met je gedachten afstand van hebt genomen en het je hoogstens nog als een vage notie voor de geest zweeft. Uit dit probleem spruit de vraag voort die je de *I Tjing* (die als vervanger van je tao fungeert) wilt stellen. Schrijf deze vraag gewoon op, helder en ondubbelzinnig, dus niet 'moet ik' of 'moet ik niet', geen keuzemogelijkheid tussen het een of ander. Dit opschrijven is niet beslist noodzakelijk, maar omdat je vanwege de hexagrammen die je moet noteren toch al met pen en papier werkt, kun je het makkelijk doen.

Nadat je je vraag, en daarmee je probleem, op deze manier helder voor ogen hebt gekregen, werp je zes keer drie willekeurige munten. Naar aanleiding hiervan kun je vervolgens de hexagrammen tekenen ofwel de zes over elkaar heen geschreven doorlopende of onderbroken streepjes. Nu pak je het *I Tjing*-boek erbij. In al deze boeken staat een tabel met de 64 mogelijke hexagrammen en het erbij behorende getal dat naar de tekst verwijst die het antwoord op je vraag bevat. Dit levert dus één van de 64 antwoorden op. (In de praktijk is het aantal door de zogenaamde veranderingen aanzienlijk gelaagder, maar dat kun je beter in een van de gespecialiseerde boeken nalezen.) Hierna zoek je het betreffende antwoord op en kun je je in de tekst verdiepen. Ikzelf beperk me over het algemeen tot de paar regels van het zogenaamde oordeel, dat meestal aan het begin van de tekst staat. Maar dat laat ik verder aan je eigen gevoel en inzicht over. Het is heel goed mogelijk dat het antwoord uit slechts één aanwijzing bestaat die tussen de regels van een tekst van anderhalve pagina lang verborgen ligt. Maar nu komt je intuïtie in het spel. Over het algemeen zie je al snel heel precies hoe het antwoord voor jou luidt. In mijn ervaring functioneert dit systeem altijd feilloos. Bij de antwoorden moet je in ieder geval voor ogen houden dat de oplossing waarschijnlijk al door de manier waarop je je probleem hebt bekeken, hoe je ermee om bent gegaan, ongemerkt in gang is gezet. Want in ieder probleem ligt de oplossing al besloten, dat is echt waar, hoe paradoxaal dat ook mag klinken. Anders ligt het wanneer je vragen stelt die de toekomst betreffen. Je kunt er rustig van uitgaan dat deze dimensie, die een vast bestanddeel van jezelf is, niet aan tijd is gebonden. Ze is uitsluitend actief in het eeuwige heden, waarin datgene wat jij toekomst noemt al besloten ligt. Hierover duiken altijd weer onzinnige interpretaties op en beweert men ofwel dat uit de toekomst geen informatie kan komen omdat die dingen tot dusverre nog niet zijn gebeurd en niemand kan weten hoe ze uiteindelijk zullen gebeuren, ofwel men veronderstelt dat een nu al zichtbare belevenis in de toekomst alleen waarneembaar is wanneer ons gedrag voorbeschikt zou zijn en we dus geen vrije wil zouden hebben. Het is allebei klinkklare onzin. Wanneer deze macht ver boven de tijd staat, betekent dit enkel en alleen dat alles wat je in de toekomst uit vrije wil besluit te doen, al te begrijpen is. Over de wijzen van de tao staat geschreven: zij zien het spoor van een vogel in de lucht, voordat die daar gevlogen heeft. Daarmee wordt hetzelfde bedoeld als wanneer ik stel dat je geest, althans het deel dat voor je verstand niet toegankelijk is, de sporen van je toekomstige handelingen overziet voordat je ze hebt uitgevoerd. En hierin schuilt nu precies de bijzondere waarde en het belang van de *I Tjing*.

Wanneer je eenmaal een tijd lang in de geest van de tao hebt geleefd, dus zoveel mogelijk in het heden vertoeft, zal je intuïtie toch al veel sterker blijken te zijn dan daarvoor. Je optreden wordt spontaner. Je leert op je intuïtie te vertrouwen en treedt de uitdagingen van het dagelijks leven niet meer met verstandelijke analyses tegemoet. Je kweekt zo ook de eigenschap bij jezelf dat vragen die je jezelf stelt op dezelfde spontane manier worden beantwoord, eveneens vanuit je eigen geest, opgewekt door dezelfde kracht als bij de *I Tjing*. Ik noem dit de innerlijke dialoog. Ook wanneer de antwoorden zich aanvankelijk nog aarzelend aandienen, zal het moment niet lang op zich laten wachten dat vraag en antwoord een gesloten eenheid vormen. En ook je voorgevoel zal met een nieuwe dimensie worden aangevuld. In veel gevallen zul je zonder verder te vragen of erover te piekeren geheel vanzelf een gevoel, een instinct, voor het verdere verloop van de kwestie ontwikkelen. Dat gebeurt volkomen vanzelf, daar hoef je niets anders voor te doen dan je er vol vertrouwen op te oriënteren. Dit is in wezen de essentie van de levenskunst van de tao: dat in plaats van het denken, de intellectuele analyse, onze dieperliggende eigenschappen een grotere rol gaan spelen. Het ligt uitsluitend aan jezelf in welke mate je deze natuurlijke gaven de ruimte geeft zich voor je in te zetten. Zolang je steeds weer je verstand met al zijn vooringenomen denkbeelden, betweterigheid en valse informatie over de realiteit de boventoon laat voeren of het tussen jezelf en je overige zintuigen plaatst, zul je nooit uit de misère van je huidige bestaan ontsnappen.

8 ONZE MAATSCHAPPIJ EN HET VERLOOCHENDE ZELF

Wist jij dat indertijd de eerste hippies aan de kust van Californië taoïsten waren? Ze waren heel serieus in hun verzet tegen de conditionering door de maatschappij, maar toen deze subcultuur zich verspreidde, verwaterde het idee van *woe wei*. Het ontaardde in een totaal nietsdoen. Op deze manier raakten er in de kring van bloemenkinderen mettertijd steeds meer leeglopers, werkschuwen en lieden die om andere redenen met de maatschappij overhoop lagen, verzeild. Deze mensen reduceerden de wijsheid van de tao tot een alibi voor een liederlijk leven.

Uiteraard rijst de vraag hoe we ons jegens de mechanismen van de maatschappij, bijvoorbeeld in ons beroepsleven, moeten opstellen, wanneer we innerlijk geen autoriteit van buitenaf meer toelaten en vrij en zonder vervorming de ware realiteit van ons leven onder ogen zien. Daarom wil ik in dit hoofdstuk iets dieper op de drop-outs ingaan, op het idee van een alternatief leven. Wat ik wil uitzoeken, is of 'alternatief' niet alleen maar een andere naam, een synoniem is voor een niet zo erg voor de hand liggend systeem van gebonden-zijn. Ieder idee, hoe edel en vrijzinnig het ook lijkt, vereist aanpassing aan de bijbehorende regels of niet-regels. Met niet-regels bedoel ik het zich houden aan afwijzingen, dus aansporingen om dit of dat niet te doen (scheren bijvoorbeeld of je netjes te kleden). Wie inziet hoezeer hij in het leven van alle kanten wordt betutteld, hoe geconditioneerd zijn bestaan in wezen is, ja, hoe corrupt hijzelf is geworden – omdat hij uit eigenbelang dingen accepteert die hem op zichzelf tegenstaan – zal ongetwijfeld de wens koesteren deze beklemmende en bevoogdende toestand de rug toe te keren. Hij rebelleert en probeert iets aan die situatie te veranderen. Een belangrijke rol speelt hierbij natuurlijk ook de hopeloos vastgelopen politieke situatie in de wereld, de scheiding van de mensen in rassen en nationaliteiten, de haat, de onvrede, de zinloze ideologieën, het fanatisme en de wreedheden overal ter wereld. En daarnaast het contrast met al deze ellende: de welvaart van de economisch rijke landen, die zich op hun beurt in holle frasen met het wereldgebeuren bemoeien zonder zelf ook maar iets aan een verbetering bij te dragen. Met al deze tekortkomingen voor ogen gaat menigeen op zoek naar een gat om zich in te verstoppen tot er aan dit afgrijselijke gedoe, dat men leven noemt, een einde is gekomen.

Enkelingen en hele groepen zochten en vonden dergelijke 'gaten'. Ze zonderden zich uiterlijk van de maatschappij af, vestigden zich op het land en ontplooiden daar hun eigen ideeën over het dagelijks leven. Bij die verschillende groepen vind je de meest uiteenlopende filosofische en religieuze grondbeginselen terug. Een belangrijke rol speelt ook de algemene verwoesting van het milieu en het feit dat de industrie nauwelijks nog levensmiddelen produceert die niet min of meer mate vergiftigd zijn. Aan deze tendens om de maatschappij de rug toe te keren ligt een absoluut oprechte motivatie ten grondslag en deze stap is – gezien de uiterlijke consequenties – zonder meer echt. Vrijheid van normen levert een verlichting in het leven op. Denk alleen maar aan de kledingvoorschriften in het beroepsleven. Het is onvoorstelbaar dat de kassier van een bank op een warme zomerse dag in een Arabisch gewaad achter het loket zit, ook al zou dat hoogst verstandig zijn, zoals de bewoners van warmere streken allang hebben ingezien. De arme man weet dat zijn daad consequenties zal hebben, waarvan een schorsing of overplaatsing nog de minste zijn. Of wie durft het aan om midden in de stad op blote voeten te gaan lopen? De moderne mens is van alle natuurlijke gedragspatronen beroofd, en zelfs wanneer hij regelmatig in de vrije natuur gaat wandelen, is hij een werkelijke affiniteit ermee allang kwijtgeraakt. In zoverre werkt een alternatief leven op het land zeker stimulerend en kan dat leven als een terugkeer naar de levensgewoonten uit voorbije tijden worden gezien.

Maar toch blijft het terugtrekken uit de maatschappij, de terugkeer naar een eenvoudiger leven, een lapmiddel, zolang het bij een zuiver uiterlijk afscheid van de levenswijze tot dan toe blijft. Iedereen die er uitstapt, neemt al zijn innerlijke bagage met zich mee. Waar hij ook naartoe gaat, overal torst hij die in het onderbewustzijn weggedrongen lasten en trauma's van onbeantwoorde liefde uit zijn allervroegste kinderjaren met zich mee, net als de onbewuste zelfhaat als gevolg van de onderwerping waaraan hij toegaf om de schijnbare ouderliefde niet te verliezen. En daarmee hebben we de kern van het probleem al te pakken. Ik kan zoveel vluchtwegen uit de afhankelijkheid van maatschappelijke conventies zoeken als ik wil, maar als ik me niet tegelijkertijd van mijn afhankelijkheid van mijn monstrueuze aanpassing aan de uiterlijke (en inmiddels aangeleerde innerlijke) autoriteit kan bevrijden en er de oorsprong niet van doorzie, kan geen enkel oord op de wereld een vrijplaats zijn voor een vlucht van mijn eigen zelf. Een alternatief leven buiten de maatschappij heeft alleen zin wanneer ik die vrijheid van binnenuit zoek en niet slechts een kosmetische verandering doorvoer. Wanneer ik tot innerlijke vrijheid kom, speelt de uiterlijke omlijsting van mijn welzijn een aanmerkelijk geringere rol, terwijl die omlijsting bij een uitsluitend uiterlijke verandering van het allergrootste belang is.

Er zijn in deze tijd maar weinig mensen in onze maatschappij die van zichzelf kunnen zeggen dat hun kindertijd zonder emotionele conflicten is geweest en dat ze psychisch volkomen gezond zijn opgevoed en opgegroeid. De meesten zullen waarschijnlijk beweren dat dit wel zo is, omdat ze niet beter weten en zichzelf iets wijsmaken, maar de waarheid ziet er helaas heel anders uit. Vrijwel alle mensen worden vanaf hun kinderjaren van hun eigen zelf gescheiden. Wat hier leeft, handelt en denkt, is een kunstmatig bouwwerk, ontstaan uit een heel lang proces van aanpassing aan de heersende spelregels – het ego ofwel het ik. Het ik bestaat uitsluitend op het vlak van het denken. Van zijn ware gevoelens is de mens volstrekt gescheiden. Wat je nu als gevoelens beschouwt, zijn gedachten over gevoelens, maar het zijn niet de gevoelens zelf. We zijn niet in staat om het gebonden-zijn van onze denk- en gevoelspatronen te herkennen, omdat we niet over vergelijkingsnormen beschikken. Onze ouders noch wijzelf hebben ooit echte gevoelens ervaren. Dat klinkt heel hard, maar het is helaas wel zo. Ik zal het aan de hand van één simpel voorbeeld laten zien: wanneer je via de radio of het tv-nieuws hoort dat er in Ethiopië weer eens een hongersnood heerst, waarbij talloze mensen met de dood voor ogen leven en aan de ellende bezwijken, wat gaat er dan door je heen? Direct na het horen van het bericht is dat uiteraard een schok en een bepaalde ontsteltenis die tegelijkertijd gepaard gaat met het dankbare gevoel dat jij zelf niet in die situatie verkeert. Op zijn laatst bij de speelfilm van die avond ben je de beelden van uitgemergelde skeletten die ooit kinderen waren, weer voor een poosje vergeten, uit het oog verloren. Dat is mogelijk omdat je je medeleven alleen als gedachte verwerkt, terwijl echt medeleven je om allerlei redenen (waaraan je op dit moment niets kunt doen) volkomen vreemd is. En dit geldt niet alleen voor medeleven, ook liefde, genegenheid, welwillendheid en vriendschap ken je uitsluitend als gedachteconstructies. De hieraan tegenovergestelde gevoelens als jaloezie, haat, nijd en boosheid ontstaan als gevolg van het ontbreken van echte deugden, zoals ik die hierboven heb opgesomd. Woede en gewelddadigheid zijn helaas echte gevoelens in ons en hebben hun aanwezigheid in de mens te danken aan een proces dat eveneens uit de vroegste kinderjaren stamt en een symptoom van zelfhaat is. Maar ik wil het hier over de tao hebben en me niet met dieptepsychologie bezighouden, vooral omdat er wegen zijn om uit dit dilemma te komen zonder dat je de lange weg via de bank van de psychiater hoeft te gaan. De weg van de tao is tevens een weg van psychische genezing; het is de weg terug naar het afgescheiden zelf.

Dit zelf is de eigenlijke, ware mens in ons, die we verloochenen omdat we hem niet kennen en ook niets van zijn bestaan kunnen waarnemen. Door dit verloochenen, dat uit onze manier van denken en leven voortvloeit, zijn we volledig van onze echte gevoelens afgesneden, want die bestaan uitsluitend in dat zelf. Vandaar dat het ook een gewaagde stap is wanneer we ons rigoureus van onze, door het verstand geregeerde pseudogevoelens – en dat zijn onze gevoelens voorlopig zo goed als allemaal – losmaken en ze voortaan grondig wantrouwen. Verder zit er in dit verband niets anders voor ons op dan dat we onze echte gevoelens onder ogen zien in plaats van ze te verdringen. Zodra we ophouden over gevoelens na te denken en we proberen ze rechtstreeks te ervaren, ze te observeren en ze onze aandacht te schenken, zullen we merken dat ze er zijn. Want ze zijn er wel degelijk, alleen bereiken ze ons in onze afhankelijkheid niet meer. Het is bijzonder pijnlijk om echte gevoelens onder ogen te zien, omdat we die confrontatie niet kennen, ons hele leven uit de weg zijn gegaan. De meeste mensen zijn bang voor hun gevoelens. Ze verbergen zich veel liever achter hun gedachten en werpen een beschermende muur op tegen de schijnbare, emotionele dreiging. Maar wie vrij wil zijn, ontkomt niet aan een confrontatie met zijn gevoelens, ook al lijkt dat in het begin nog zo pijnlijk en ondraaglijk. Zodra je hebt besloten om alles wat aan gevoelens in je aanwezig is, naar boven te laten komen, dat intensief te aanschouwen en die gevoelens bewust te beleven, vloeit daar een reusachtige kracht uit voort waarvan je tot dan toe absoluut niet wist dat je die überhaupt in je had. En in deze wisselwerking van doorleefde, geaccepteerde gevoelens en een groeiende kracht kom je in contact met je eigen zelf, vind je de weg terug naar je oorspronkelijke wezen, waarvan de mens zich zo ver heeft verwijderd. De mens is van zichzelf vervreemd. Karaktertrekken van zijn eigen zelf beschouwt hij als zwaktes en hij wijst ze af omdat hij de kracht er niet van kent. Hieruit mag je absoluut niet concluderen dat gevoelens uitsluitend een negatieve inhoud hebben, want ik heb het evenzeer over medeleven, liefde, vreugde en dergelijke. Hoe paradoxaal het ook klinkt, in onze tijd sluit de mens zich zelfs voor positieve gevoelens als liefde en medelijden af. Hij is bang voor iedere vorm van echte gevoelens, van welke aard ze ook zijn. Daarbij kent hij die dimensie niet eens, want die echte gevoelens zijn karaktertrekken van zijn al sinds zijn kinderjaren ondergeschoven eigen zelf. Het ego, het ik, is nooit tot echte gevoelens in staat, het interpreteert alleen op een bepaalde, aangeleerde manier de verstandelijke reacties op gebeurtenissen.

Het recept, de kunst van de tao, luidt dus: geef al je gevoelens alle ruimte, sta toe dat ze zich volledig in je ontplooien. Onttrek je in het vervolg aan geen enkel diep uit je innerlijk opkomend gevoel meer. Dat is een heel moeilijke stap, want hij zal aanvankelijk met een geweldige angst gepaard gaan. Het is deze angst voor het feit dat het eigen zelf werkelijk bestaat, voor de identificatie, waartegen je ego het als zijn werkelijke tegenstander, zijn grootste vijand, zal moeten opnemen. Maar die toestand van angst zal spoedig moeten wijken en plaatsmaken voor de kracht waar ik het al eerder over had. Deze vrijkomende energie neemt toe naarmate jij je gevoelens blootlegt en daarmee ook die aanvankelijke angst in jezelf toestaat zich te ontplooien. Als je dat doet, zal die angst zonder meer verdwijnen en niet slechts voor een moment, maar hij zal steeds minder houvast vinden en al heel snel geen plaats meer in je leven innemen.

Je buiten de maatschappij plaatsen is dus feitelijk in eerste instantie het je bewust losmaken van je afhankelijkheid van valse gevoelens, van de leegte en zinloosheid van zich als emoties voordoende denkprocessen, en het je overgeven aan werkelijke gevoelens die uit je eigen zelf voortkomen. Daardoor kom je in contact met jezelf en dat geeft je een enorme energie. Wanneer je bovendien in staat bent al je banden te doorzien, de manier waarop je aan je levensomstandigheden vastzit, en dat alles kunt observeren, waarnemen, dan verwerf je een grote mate aan vrijheid en autonomie. Daar heb je geen rebellie voor nodig die in provocerende kleding of aanstellerig gedrag tot uiting komt. Je bent dan beslist anders dan de meeste mensen om je heen, maar dat anders-zijn komt van binnenuit, is echt, niet opgelegd als een op pure uiterlijkheden georiënteerde levensfilosofie. Vervolgens kun je op het land gaan wonen en je eigen groenten kweken, vegetariër worden en je bij de vredesbeweging aansluiten – of niet. Waar je dan bent en wat je dan doet, is in feite niet meer van wezenlijk belang. Zodra je je gevoelens vanuit jezelf laat opkomen en je iedere dag weer in het heden leeft, ben je op het pad naar zelfverwezenlijking; het pad zelf, je leven van alledag, is dan die verwezenlijking.

9 LIEFDE EN RELATIES

Van de menselijke betrekkingen zijn de banden die wij doorgaans met liefde of liefdesrelaties aanduiden de meest gecompliceerde constructies. Achter dit misleidende verzamelbegrip gaat een ware schatkamer vol met de meest uiteenlopende vormen van menselijke verbintenissen en afhankelijkheden schuil, en tevens de bron van veel leed en verwarring. Er is ook nauwelijks een onderwerp waarover ons uit het verleden meer onvoorstelbare onzin is overgeleverd, en geen enkel begrip is met zoveel vervalsende interpretaties overladen als de liefde.

In de volksmond geldt de moederliefde als de hoogste incarnatie van dit gevoel. De kerk predikt de liefde van God tot de mensen, het christendom wijst op de offerdood van Jezus, die zijn leven gaf uit liefde voor de zondige mens en dat ter wille van diens verlossing. Dichters bezingen met het complete instrumentarium van hun poëzie de liefde tussen man en vrouw, een liefde die de dood ontstijgt, zoals bij Romeo en Julia, of de zelfmoord van Werther wegens onbeantwoorde genegenheid. Wanneer je al deze verschijningsvormen verstandelijk bekijkt en er denkmodellen in herkent die iets verheerlijken waarvan de mens de implicaties nooit ten volle heeft ervaren, kan er een zekere mate van waarheid in worden gevonden. Zolang wij liefde bedenken en ons inbeelden dat we liefhebben en dat anderen ons liefhebben, is dat oppervlakkig gezien ook zo. Dan ligt de vergelijking met klassieke voorbeelden voor de hand en beelden we ons het bestaan van wederzijdse echte genegenheid in; denken we dat we liefde ontvangen, terwijl in werkelijkheid onze gevoelens en ons doen en laten door egoïsme, bezitsdrang ten opzichte van de ander, en persoonlijk prestige worden bepaald.

Ik geef toe dat de vrouw tijdens haar moederschap haar oorspronkelijke vermogen tot liefhebben nog het dichtst benadert en die liefde – godzijdank – in de meeste gevallen op het kind overbrengt.

Maar juist in deze zo vaak bezongen moederliefde ligt de wortel van veel leed in de wereld verborgen. Het gebrek eraan, of beter gezegd de wijze waarop ze wordt vervalst, waarop ze aan een doel verbonden is, is de eigenlijke oorzaak van de afsplitsing van de huidige mens van zijn zelf: zijn onvermogen om zijn ware gevoelens onder ogen te zien, de machteloosheid en schijnbare afhankelijkheid van de omstandigheden. Want het gedrag van de moeder is vrijwel volledig bepalend voor de geestelijke gezondheid en het vermogen zelf liefde te geven van het opgroeiende kind. Wanneer een kind echte moederliefde krijgt die niet aan voorwaarden gebonden is, die dus niet wordt ingezet om het kind in een bepaalde richting te sturen, zodat het leert gehoorzamen, leert zich aan te passen of al heel vroeg wordt geconditioneerd later naar macht en invloed te streven – dan groeit zo'n kind in een toestand van complete gezondheid op. Maar dergelijke gevallen komen tegenwoordig hoogstens nog bij natuurvolken voor, die in hun levenswijze nog volledig met hun oorsprong verbonden zijn. In onze beschaving is het vrijwel onmogelijk een opgroeiend kind die onvoorwaardelijke, onbaatzuchtige nestwarmte te geven. Zelfs de ouders zijn al te zeer verstrikt in het keurslijf van de strijd om het bestaan, het knokken om succes in de maatschappij, om nog te kunnen voelen en weten wat werkelijk goed is voor hun kind. En zo is het ons vermoedelijk allemaal vergaan: dat onze ouders ons, ongetwijfeld goedgemeend, maar desalniettemin op een dwaalspoor, in een bepaalde richting hebben opgevoed, ons van onze echte gevoelens, van ware onzelfzuchtige liefde hebben weggeleid, en dat de meesten van ons daarbij in emotioneel opzicht kleerscheuren hebben opgelopen (ook al is dat voor de enkeling niet altijd direct waarneembaar).

In de plaats van onzelfzuchtige liefde heeft bij de moeder een denkmodel over moederliefde postgevat waarmee ze schijnbaar het beste met het kind voorheeft. Tijdens de allervroegste opvoeding wordt met het medium genegenheid een geduchte terreur op het kind uitgeoefend. Zolang het zich volgens de denkbeelden van de ouders gedraagt, krijgt het liefde, terwijl er onthouding van die liefde dreigt wanneer het zich naar zijn eigen innerlijke gevoelens richt. Zo wordt de jonge mens al heel vroeg geconditioneerd. Hij leert dat hij liefde krijgt wanneer hij zich aanpast, wanneer hij zich onderwerpt. Zo scheidt het kind zich al heel vroeg af van zijn eigen verlangens en gevoelens. Onbewust ontstaat hierdoor een zelfhaat vanwege die onderwerping aan de voorwaarden van de moeder, die alleen liefde levert wanneer het kind zijn eigen ideeën laat varen en zijn gedrag aan de wensen van zijn moeder aanpast. De relatie van het kind met zijn eigen zelf kan nooit totstandkomen. Als volwassene zal zo'n mens op zijn beurt in zijn liefdesrelaties alleen datgene kunnen leggen wat zich in hem heeft ontwikkeld. En dat is niet het vermogen tot ware liefde, het is veeleer een denksjabloon over liefde en die is zo gevormd dat hij zijn genegenheid weer afhankelijk maakt van wat hij van zijn partner ontvangt.

Aangezien de ouders niet weten wat de mens werkelijk is en waarvoor hij leeft, is wat ze op hun kinderen overbrengen nu eenmaal hun eigen mening over het leven, die vervolgens weer het resultaat is van hun eigen ouderlijke opvoeding in combinatie met zogenaamde levenservaring en het totaal van invloeden van buitenaf, zowel van religieuze en politieke als van maatschappelijke aard. En zo groeien we gescheiden van ons eigen zelf op, gestuurd door het ik, dat een kunstmatige constructie is van de denkbeelden die we van onszelf hebben gevormd. Onze ware oorsprong blijft voor ons verborgen. De zin van het leven ligt voor ons in de voortdurende jacht naar erkenning, succes en macht. En die macht ook in het klein, waarbij het slechts om de invloed op de eigen kinderen of de partner gaat. Spirituele, religieuze ideeën zijn voor ons al dan niet van belang. Maar ook als we een geloof koesteren, blijft dat een constructie van gedachten die tot niets anders dan een andersoortige afhankelijkheid leidt. De werkelijkheid kunnen we na enige tijd niet meer waarnemen. Ons denken filtert alle inzichten uit die afwijken van wat we hebben geleerd. Daardoor kunnen we geen ervaringen opdoen die ons mogelijkerwijs op het pad naar de waarheid brengen. De zin van ons bestaan blijft duister en ons rest slechts het idee van een tranendal en de onderdrukte, onbewuste woede over onze machteloosheid en afhankelijkheid. In plaats van dat we deze hulpeloosheid onder ogen zien, er de reikwijdte en waarheid van accepteren, zijn we eeuwig op de vlucht voor dit inzicht, dat een bekentenis van onze zwakte en onvermogen zou zijn. Daarbij is deze toestand van toegeven aan de hulpeloosheid nu juist die eerdergenoemde toestand waarin mensen verkeren die, in de wanhoop van een uitzichtloze levenscrisis, zich bewust van hun onmacht de strijd hebben opgegeven, met als gevolg dat totaal onverwachts die geweldige ommekeer kwam. Hierin kun je de werking van de macht van de tao herkennen, namelijk wanneer de mens bereid is zijn onvermogen onder ogen te zien, in plaats van zich met die eeuwige krachtpatserij in te laten.

Kijk, al deze zaken brengt de mens ook met zich mee in zijn relaties met anderen en ze bepalen dan ook de kwaliteit van die relaties. Wanneer je de hiervóór beschreven opvattingen kunt accepteren, zal het je nauwelijks verbazen dat er onder dergelijke omstandigheden van relaties tussen man en vrouw weinig goeds te verwachten valt. Daarbij wil ik op generlei wijze het bestaan van de liefde ontkennen, of van zo'n relatie, vriendschap, verkering, huwelijk. Integendeel. Maar al deze ontmoetingen tussen twee mensen zouden in een toestand van een eigen innerlijke ongebondenheid en wederzijds vrijlaten moeten plaatsvinden. Bekijk bij jezelf eens hoe je je ten opzichte van je partner opstelt, hoe je die door jou zo geliefde persoon ziet en waarom je hem of haar eigenlijk liefhebt. Bij nadere beschouwing zul je op een heel scala aan denkbeelden en ideeën stuiten, redenen waarom je met deze persoon en niet met een ander een relatie bent aangegaan. Maar wat weet je werkelijk van hem of haar, die persoon aan je zijde? Niemand kan in het innerlijk van de ander kijken. Over het algemeen neemt de mens in onze aan de oppervlakte opererende tijd niet de moeite werkelijk tot het diepste innerlijk van de ander door te dringen. Ja natuurlijk, ogenschijnlijk probeert hij dat wel, maar het is en blijft een denkproces. En met denken zul je nooit tot het diepste innerlijk kunnen doordringen; diepgang komt uit ware gevoelens voort. De voorstelling die je van je partner hebt, is een constructie van je gedachten, net als het beeld dat je van jezelf hebt. Zolang je het op deze manier blijft aanpakken, zul je nooit ervaren wat voor persoon jij én je partner in werkelijkheid zijn. Om daar achter te komen, is het noodzakelijk dat je de door jou geliefde persoon zonder bijkomende gedachten observeert. Hier en nu, niet door scènes uit het verleden afgeleid. Het verleden is voorbij. Er is alleen het nu. Uit deze observerende aandacht, die net zo kan zijn als tegenover een vreemde, ontwikkel je kennis over de ware aard van je partner.

Relaties ontstaan omdat je iemand tegenkomt die je graag beter wilt leren kennen. Je vormt voor jezelf een beeld van diegene en zadelt jezelf op met een illusie. Je ontmoet elkaar en je leert elkaar nader kennen. Toch laat dat beeld van die eerste, laten we zeggen, beginillusie je niet meer los, waarschijnlijk je hele leven niet meer. Eerst is er het wederzijdse respect, voorzichtig tast je het karakter van de ander af, jullie zijn allebei vrij en ongebonden. Maar met het groeien van de vertrouwdheid, de intimiteit, begint het in bezit nemen van de ander. Terwijl er eerst vrijheid was, respect voor de eigenschappen van de ander, gaat nu sluipenderwijs macht een rol spelen. De een moet geheel en al van de ander zijn en daarbij verzet men zich ook niet tegen de aanspraken van de ander. De mening die we ons over onze partner hebben gevormd, verstart, we wennen aan dat beeld, het is onderdeel van het vaste repertoire van onze herinnering. Of de persoon aan onze zijde onder onze inbezitneming lijdt, of hij in de loop der tijd verandert, of hij werkelijk van ons houdt of dat alleen maar beweert, dat is in wezen niet meer het allerbelangrijkste. Van belang is het functioneren van een nu eenmaal totstandgekomen constellatie, waaruit we een bepaalde vorm van zekerheid putten, zoals wij de ander zekerheid proberen te geven.

Er zijn talloze redenen waarom relaties totstandkomen en blijven bestaan. Te beginnen met als enig motief seks, die dan lichtzinnig genoeg met liefde wordt verward, via het streven naar macht over de partner of de wens van de macht van de ander mee te snoepen, tot het verlangen naar geborgenheid of de angst voor het alleenzijn – dat alles kan als argument voor de verbintenis met een partner dienen. Over het algemeen hebben alle relaties met elkaar gemeen dat de liefde, althans wat wij daaronder verstaan, in al deze gevallen overwegend denken *over* liefde is en niet de liefde zelf. Paradoxaal genoeg hebben wij in de fase van onze vroegste kinderjaren onder invloed van de zo hoog bejubelde moederliefde verleerd om echte liefde te ervaren. Toen al is het fundament van ons geconditioneerde bestaan gelegd dat we nu op onze beurt in onze relaties met ons meenemen, omdat we simpelweg niet beter weten.

Ware liefde kan alleen worden gevoeld, beleefd, en nooit gedacht. De mens in de geest van de tao kent zijn partner omdat hij zich voor de ander openstelt, die ander door te observeren ervaart en diens eigenschappen en karakter heeft aanvaard zonder de wens er iets aan te veranderen, zonder de baas te willen spelen. Hij laat de ander zijn zoals die ander nu eenmaal is. De mens in de geest van de tao laat zich niet met een rollenspel in, hij is echt, en zijn partner weet wat hij aan hem heeft. Liefde is een dimensie die zich zonder motieven in het leven nestelt. Aan liefde kunnen geen voorwaarden verbonden zijn, want anders is die liefde tot een zakelijke transactie gereduceerd, is ze tot ruilobject ten dienste van het een of ander verworden. De ander te respecteren zonder hem of haar te willen betuttelen, met de ander samen te leven en hem of haar een vrije ontplooiing van het eigen leven toe te staan, dat is liefde.

10 DE KUNST VAN HET LOSLATEN

Je hebt het leven in de tao, in het moment zelf, volkomen verwezenlijkt wanneer je het voor elkaar hebt gekregen je geen mening meer over jezelf te vormen, je er dus simpelweg bent, je alleen maar bestaat, je blij bent met het leven en wanneer je alle aangeleerde en overgeleverde opvattingen over het leven en je bestaan van je af hebt gezet. Dat houdt in dat je in jezelf een toestand creëert zoals die bestond voordat bij jou als kind het leerproces begon en je je naar aanleiding van allerlei invloeden en stromingen geleidelijk het beeld van de werkelijkheid vormde dat nog altijd je bestaan bepaalt. Het klinkt grotesk en haast onaanvaardbaar: van niets wat ons over onszelf en de wereld om ons heen is verteld, kan worden gesteld dat het de absolute waarheid is. We leiden een leven dat gebonden is aan de maatstaven die uit ons denken voortkomen. En dat is tevens bepalend voor onze grenzen. Deze, eveneens zelfgetrokken grenzen, vergezellen ons als een onzichtbare kooi die ons omsluit, maar wel mobiel is, zodat we toch het bedrieglijke gevoel van geestelijke vrijheid behouden. Zodra iemand echter in staat is afstand van zijn vooringenomenheid te nemen, zal hij dingen over zichzelf ervaren – een inzicht dat helemaal vanzelf in hem opkomt – waardoor hij zichzelf en zijn werkelijke krachten in het vervolg op een volslagen andere manier zal zien. De mens in de geest van de tao onderwerpt zich niet aan de voorwaarden van uiterlijke schijn; hij wil de dingen ervaren zoals ze werkelijk zijn. En de dingen zijn meestal niet zoals ze door de uiterlijke schijn lijken te zijn. De ons voortdurend beïnvloedende en omringende omstandigheden van het dagelijks leven beleven we over het algemeen, op enkele hoogtepunten na, als een grauwe sleur. Angst voor de toekomst, voor verlies en vermindering van prestige en invloed, voor een inbraak in het gebouw van schijnbare zekerheid is in ons leven een permanente, onopvallende begeleider. Ons handelen is hier dan ook op afgestemd. Bij onze beslissingen is de maatstaf altijd het behoud van onze zekerheid; we vragen ons af of het ons schaadt wanneer we onze eigen mening doorzetten en trekken ons haastig terug zodra de indruk ontstaat dat dat inderdaad het geval is.

We zijn voortdurend bezig met ofwel het behoud van onze positie in het leven en onze betrekkingen, ofwel het uitbreiden van het reeds bereikte, zowel op persoonlijk als op zakelijk vlak.

In het leven in de geest van de tao heersen andere spelregels, dat wil zeggen, eigenlijk zijn die er helemaal niet, want in deze levenskunst bewegen we ons helemaal vrij, in een toestand van gewichtloosheid, zoals in het water of ver buiten de aantrekkingskracht van de aarde zwevend, en volgen we alleen onze inspiraties, de stem van onze innerlijke autoriteit, waaraan we ons niet onderwerpen, maar die we als een deel, het betere deel van onszelf erkennen. Hier is niets wat we in de gaten moeten houden en niets waarvoor we moeten knokken. De dingen gebeuren gewoon. Op een heerlijk simpele manier volgt het menselijk lot volstrekt natuurlijk en harmonisch zijn loop. Je zult het enorme verschil ervaren tussen een leven waarin je je in volkomen innerlijke vrijheid met de stroom van de tao laat meevoeren, en het onbevredigende, verkrampte leven dat je tot dan toe leidde. Daarbij dringt zich onvermijdelijk de vraag op of bij zoveel innerlijke vrijheid, dat ontbreken van een afhankelijkheid aan wat voor autoriteit dan ook, een normaal leven in onze maatschappij eigenlijk nog wel mogelijk is. In een van de vorige hoofdstukken heb ik het over drop-outs gehad en tot slot gezegd dat iedereen daarbij gewoon zijn eigen gevoel moet volgen. De mogelijkheid om in de geest van de tao te leven, is niet van uiterlijke omstandigheden afhankelijk. Zo nodig kan het zelfs in de gevangenis. Of je in je leven naar materiële onafhankelijkheid streeft zodat je je uit alle zakelijke rompslomp kunt terugtrekken, of dat je je daarmee bezig moet blijven houden, speelt voor de werking van deze nieuwe levenswijze geen rol. De innerlijke onafhankelijkheid is bepalend voor de kwaliteit van het dagelijks leven. De afhankelijkheid van zakelijke partners, klanten, opdrachtgevers of superieuren beschouw ik niet als een band met autoriteiten waarvan we ons moeten bevrijden om tot ons innerlijke zelf te kunnen doordringen. Deze materiële afhankelijkheid is niet van belang en kan ieder moment, zodra dat nodig is, worden gewijzigd of door een andere worden vervangen. Voor de innerlijke vrijheid speelt ze niet meer die beklemmende, beangstigende rol van vroeger.

Wie in de geest van de tao leeft, heeft een andere, nieuwe kijk op de werkelijkheid. Die is op een dag volstrekt ongemerkt bij hem binnengeslopen. En door deze nieuwe kijk op het leven zijn machtsverhoudingen van buitenaf niet bedreigend meer. Hij leeft monter, laat zich niet beïnvloeden en voert de door hemzelf gekozen opdrachten uit. Het zou volslagen onzinnig zijn om alle mensen die zich op deze bevrijde vorm van leven richten, aan te raden de maatschappij ook uiterlijk de rug toe te keren. Integendeel, juist de interactie van binnenuit kan impulsen opwekken om die afschuwelijke constellaties waarin de mensen in het dagelijks leven gevangen zitten, te veranderen.

Wanneer je vanuit deze instelling doet wat je te doen staat, hoef je je over de inhoud van je bestaan totaal geen zorgen te maken. Werk in welke vorm dan ook is voor jou bevredigend. Je doet het helemaal uit eigen wil en niet om iets per se te willen bereiken. Dit is een essentieel kenmerk van de tao: niets doen vanuit een willekeurig gekozen beweegreden. We leven zonder een eerzuchtig doel voor ogen, zonder motieven, zonder redenen voor onze handelwijze. We handelen gewoon en dat is het. Zo zien we ook ons werk. We doen het. Goed en zorgvuldig, zonder haast en zonder ons op druk van buitenaf te concentreren. Wie aan de lopende band staat en werk doet dat buitengewoon monotoon en geestdodend is, waarbij bovendien het loon van de hoeveelheid afgeleverd werk afhankelijk is, kan – voorzover hij in de geest van de tao leeft – zonder de innerlijk gejaagdheid van zijn collega's en lotgenoten aan zijn verplichtingen voldoen. Kalm en beheerst zullen de dingen hem makkelijk afgaan en uiteindelijk zal hij steeds weer merken dat hij, ondanks deze niet verkrampte levenswijze, in staat was meer te doen dan waartoe hij zich vooraf in staat achtte. Integendeel, ik denk dat met name werkzaamheden die volgens het prestatieprincipe worden beloond, het best door mensen worden gedaan wie dat principe geen zier kan schelen en die zich er absoluut niet druk over maken.

De mens in de geest van de tao kent absoluut geen eerzucht. Hij neemt niet deel aan de wedloop om macht en bezit. Voor hem is het voldoende zichzelf te zijn, en wat hij in het leven nodig heeft, krijgt hij ook zonder dat hij zich afbeult zoals de anderen dat doen. Zelfs wanneer hij een eigen zaak heeft en dagelijks met concurrentie te maken heeft, zal hij die concurrentiestrijd in een andere vorm weten te gieten. Vanuit zijn innerlijke rijkdom zal hij nooit op een agressieve of achterbakse wijze iets proberen te bereiken. En dat heeft hij ook niet nodig. Onderhandelen doet hij volstrekt kalm en beheerst, hij functioneert met de kracht vanuit zijn midden en zal over het algemeen bereiken wat hij zich heeft voorgenomen. Wanneer bij wijze van uitzondering toch iets niet lukt, accepteert hij dat gewoon, zonder achteraf naar het waarom te vragen, want op een gegeven moment zal blijken hoe goed het was dat iets anders uitpakte dan hij het zich had voorgesteld.

Zodra je hebt geleerd hoe je in het hier en nu leeft, kun je stoppen met vechten. Voorgoed. Wie vecht, verspilt kracht, want hoe meer moeite ik doe om een doel te bereiken, des te meer zal het zich aan mijn greep onttrekken en komen er tegenkrachten in het geweer die evenzeer aan invloed winnen naarmate ik mijn eigen inzet vergroot. Wie dat inziet, en vooral wie een beter middel om iets te bereiken kent, onthoudt zich van dit nutteloze gebakkelei. Geloof me, alles wat je je maar wenst, zal je vanzelf ten deel vallen zodra je erin slaagt er niet meer voor te knokken. Het is je toch ook weleens overkomen dat je iets heel erg graag wilde en dat je er werkelijk alles aan deed om het voor elkaar te krijgen, maar dat het ondanks alle inspanningen leek alsof alles en iedereen zich tegen de vervulling van jouw wens verzette. En dat je later, toen je het ten slotte had opgegeven en je je wens van je af had gezet, opeens merkte dat het voor het grijpen lag en je alleen maar hoefde toe te happen. Uit eigen ervaring weet ik dat op zo'n moment hetgeen je eerder zo vurig had gewenst eigenlijk helemaal niet zo belangrijk meer is. Wanneer we van begin af aan op een dergelijke manier afstand kunnen nemen van onze wensen en verlangens, ze in hun absolute, objectieve zin of zinloosheid waarnemen, zal het verlangen zijn scherpe kantjes verliezen en zijn we in staat kalm en beheerst te observeren en te beslissen wat we al dan niet willen. Zo hoort het ook tot de maar al te menselijke eigenschappen dat de dingen die we zonder moeite krijgen of verwezenlijken, hun waarde, hun materiële en ideële belang voor ons verliezen. Daarom heeft de mens in de geest van de tao weinig wensen die boven het voorzien in zijn dagelijks levensbehoeften uitgaan. Hij weet dat dankzij de in hem aanwezige creativiteit geen enkele wens onvervuld zal blijven, zolang hij die serieus neemt.

Maar juist daardoor ontstaat een in zekere zin verheven toestand die hem boven de dingen doet staan. Je zult zelf al snel die onafhankelijkheid van materiële behoeften ervaren, die uit deze autonomie voortspruit. De onafgebroken jacht van onze medemens naar geluk, succes en rijkdom dwingt ons alleen nog een begrijpende glimlach af. Wij hoeven ons al die zinloze inspanningen niet meer te getroosten, we hebben begrepen dat dat de zin van het leven niet is.

II WAT IS DE TAO?

Wat is de tao nu precies? Is het God? Of iets anders, iets wat niet onder woorden te brengen is? Lao Tze schrijft hierover: 'De tao die je kunt vatten, is de tao niet.' In ieder geval is het een ervaring die op het gebied van het logische denken haar gelijke niet kent. Voor God bestaat in zoverre geen analogie dat men God hier in het Westen als een autoriteit beschouwt die buiten Zijn schepping huist en met alle positieve menselijke eigenschappen als liefde, goedertierenheid en dergelijke is behept en dat in de allerhoogste vorm van volmaaktheid: een soort kosmische supermens dus. De tao bestaat niet buiten het geschapene. Chuang Tze zegt dat er niets is dat tao niet is en daaruit blijkt ondubbelzinnig dat de tao de schepping zelf is, tot en met het allerkleinste detail ervan. De tao is de hoogste werking en kracht van het universum, de reden van zijn en niet-zijn. Het geheim van de tao is dat de tao niet zelf actief is, maar wel het actieve op zich, de schepper van alle dingen. De tao doet niets, maar laat tegelijkertijd niets ongedaan. De tao is met woorden niet te definiëren, maar is intuïtief te bevatten, want hij is tevens een dimensie van onszelf, hij is ons eigen zelf waarvan we sinds onze geboorte gescheiden zijn. Dus is de tao in eerste instantie ook de natuur met haar ordening en haar ongemeen wijze wetten van zelfbeheer. De werking van de tao kenmerkt zich door voortdurende verandering. Bij de tao is alles in beweging. De tao is ook het leven zelf. En hij kan met een grote rivier wor-den vergeleken die onafgebroken naar zijn bestemming stroomt en desondanks ook steeds weer uit de bron ontspringt zonder ook maar een moment stil te vallen.

In de tao bestaat er geen scheiding tussen een innerlijke en een uiterlijke wereld. Beide zijn bepalend voor elkaar. De essentie van de tao is het wegvallen van alle tegenstellingen. Zijn bewegingen zijn het constante samenspel van die tegenstellingen. Gebeurtenissen en veranderingen zijn de resultaten van de manier waarop yin en yang samengaan, de vrouwelijke en mannelijke oerelementen die alles wat in de kosmos gebeurt, tegengesteld beïnvloeden. De oude wijzen van de tao vergeleken de werking van yin en yang met de maan of de zon. Ze verklaarden dat de maan, nadat zij vol was geweest, alweer op weg was naar de verschijningsvorm van de nieuwe maan en dat wanneer de zon op het middaguur zijn hoogste punt heeft bereikt, hij zich alweer ter ruste begeeft, weer op weg is naar het ondergaan. Met andere woorden, het bereiken van een toestand is tevens de overgang naar een nieuwe fase in het bestaan, want in de dood ligt nieuw leven besloten, zoals bij de nieuwgeborene de dood al aan de wieg staat. Voor de wijzen van de tao is de dood niet in eerste instantie het verval van het lichaam. Dood is het ophouden van het ego, een proces dat de mens in de geest van de tao al tijdens zijn leven tracht te verwezenlijken. Pas wanneer deze kunstmatige constructie van het ik uit ons bestaan is verdwenen, kunnen we helemaal vanuit ons eigen zelf leven, en dat is waarachtig leven, omdat het uit een dimensie voortkomt die niet meer aan tijd gebonden is.

Zonder ego leven betekent natuurlijk leven. Wie zich van alle tegennatuurlijke handelingen onthoudt, niet meer tegen de stroom van de tao ingaat en niet langer naast die stroom stil blijft staan zodat deze aan hem en zijn leven voorbijgaat (wat hij doet wanneer zijn gedachten voortdurend in het verleden en de toekomst gevangen zijn), die verkeert in harmonie met de kosmos, en al zijn handelingen zullen succesvol zijn. Wanneer ik blijf staan terwijl alles om me heen zich beweegt, is dat geen toestand van rust, want ik verkeer dan nog altijd in oppositie met het leven. Pas wanneer ik met de stroom meega, is er sprake van een toestand van volkomen rust en harmonie. Natuurkundig is dat volstrekt begrijpelijk: zodra ik in een voertuig zit dat zich met dezelfde snelheid voortbeweegt als het overige verkeer, heb ik het gevoel dat ik stilsta. Diezelfde indruk heb je ook in een vliegtuig hoog boven het wolkendek. Het toestel lijkt stil te staan, omdat er geen enkele parameter meer is waaraan de snelheid en de beweging kunnen worden getoetst. Met ons leven gaat het ongeveer net zo. Onze parameters, onze aanknopingspunten waaraan we onze beweging aflezen, zijn relatief. Ze komen overeen met onze kennis over onze wereld... en zijn niet goed. Rust, vrede en stilstand zijn alleen mogelijk binnen de parallelle beweging van het hele gebeuren. Heraclitus wist dat al: 'Alles stroomt.' Helaas zijn er uitgerekend van hem maar weinig uitspraken bewaard gebleven, maar het lijkt alsof hij in dezelfde richting dacht als de Chinese taoïsten.

Een leven in de geest van de tao staat in het teken van een hechte verbondenheid met alle natuurlijke processen. De mens in de geest van de tao leeft zonder zich tegen de gebeurtenissen in het leven van alledag te verzetten. Zijn kunst bestaat in het uit handen geven van het roer aan zijn eigen kosmische identiteit. Men kan de tao zonder te overdrijven ook als de volmaakte intelligentie van niet-materiële aard omschrijven, die ons mensen gewillig toestroomt wanneer we voor haar inspiratie openstaan. En wie rechtstreeks vanuit deze hogere intelligentie handelt, kan geen fouten maken. Ons leven vol vertrouwen volkomen in handen van deze kracht geven, is ongemeen moeilijk. Het ontbreekt ons simpelweg aan kennis en inzicht. We gaan van ons vooringenomen, beperkte wereldbeeld uit, waarin egoïsme en het verstand heersen, en in dat beeld past geen tao. Zo leren we van de oude wijzen ook dat het universum op zich één gesloten, ontzagwekkend geheel is en niet een verzameling van talloze afzonderlijke deeltjes. Dit moeten we dus zien als één reusachtig, niet meer meetbaar organisme dat tevens met de naam tao wordt aangeduid. (De kernfysica bevestigt deze filosofie overigens letterlijk; de kleinste deeltjes van onze materie laten zich bij geen enkel object onderbrengen, ze wijzen eerder op een complexe wisselwerking van alle deeltjes onderling binnen het universum.)

Jij en ik zijn dus niet alleen onszelf als subjecten, als individuen, we zijn veel meer. In ons leeft de tao en wij zijn onszelf en tegelijk ook het geheel. Allen in één. Om dit te begrijpen, schiet het verstand tekort. Maar het is aan te voelen. Onze intuïtie is in staat deze dingen te begrijpen. Wie in staat is om de dingen om zich heen niet langer als gescheiden van hemzelf te zien, zal algauw een gevoel voor die dieperliggende samenhang van alle dingen ontwikkelen. Het stopzetten van de verstandelijke scheiding is een van de hoofdthema's van het zenboeddhisme. Zen is geestelijk verwant aan het taoïsme. Toen destijds de Indische monnik Boddhidharma het boeddhisme naar China overbracht, werd het sterk door de tao beïnvloed. Omdat er in de hoofdlijnen van de structuur van de schepping en de aard van de schepper (die bij de een de tao en bij de ander de boeddhanatuur werd genoemd) afgezien van de namen geen wezenlijke verschillen zijn, versmolt de leer van Gautama, ofwel Boeddha, met die van Lao Tze en Chuang

Tze. De patriarchen van het boeddhisme en de wijzen van de tao – en de toonaangevende kernfysici – zeggen in wezen allemaal hetzelfde: er zijn geen delen in onze schepping, alles behoort organisch tot één gesloten geheel. Hoe ongelooflijk en paradoxaal dat ook mag klinken, het is simpelweg een onweerlegbaar feit. Wij hebben alleen iets anders geleerd van mensen die niet beter wisten. Zodra wij in staat zijn die grenzen tussen ons en de rest van de wereld weg te halen en onszelf als een eenheid met het gehele universum te identificeren, zijn we een geweldige stap dichter bij de waarheid gekomen. Het verwerven van dit inzicht behoort tot het meevloeien met de stroom van de tao, tot het loslaten van de houding waarin je je tegen de waarheid verzet.

De tao kan ons leven slechts vormgeven en beïnvloeden voorzover we dat zelf toestaan en we ons openstellen voor het besef dat we deel van één groot geheel zijn, dat onze individuele identiteit minder van belang is dan het feit dat ieder van ons de totale mensheid vertegenwoordigt, alle leden van de soort. Door dit al eeuwenlang erkende feit te aanvaarden en in acht te nemen, zullen we alles wat er op aarde gebeurt met heel andere ogen bezien. Hierbij gaat de eigen persoonlijkheid met de eigen ervaringen weliswaar niet verloren, maar we zullen ons in veel sterkere mate voor alles wat er op onze planeet gebeurt verantwoordelijk voelen. Wie dat inziet, zal zijn ogen en oren niet meer sluiten voor berichten over de ellende overal ter wereld, maar hij zal een diepe innerlijke verantwoordelijkheid voor het leed voelen en een intens medeleven met degenen die het overkomt. Wie zijn identiteit tot de totale mensheid kan uitbreiden, is werkelijk vrij van de hem overgeleverde, valse denkbeelden. En zodra we de moed opbrengen de gruwelen die overal zichtbaar zijn, onverbiddelijk onder ogen te zien, ze mee te voelen in plaats van ze te verdringen of te negeren, zullen we aan deze houding een geweldige kracht ontlenen, en dit gevoel van verbondenheid, saamhorigheid met alle andere wezens zal groeien en ons tegelijkertijd zekerheid geven. Nationaliteiten, grenzen en de daaraan gekoppelde beperkingen zijn onnatuurlijk. Het zijn door machthebbers gemaakte, kunstmatige constructies. Rassenhaat, nationalisme, isolationisme en hoe al die ideologieën ook mogen heten, brengen de mens uitsluitend ellende en komen slechts ten goede aan een kleine groep die de rest onderdrukt. Dit is nu eenmaal zo, ook al ziet de meerderheid van de mensen dit, verblind als ze zijn, niet in. Jij als enkeling kan daar over het geheel genomen weinig aan veranderen. Maar je kunt jezelf veranderen, als voorbeeld voor de rest van de mensheid. Dat heeft effect, ook al zul je daar zelf niet meteen iets van merken.

Niet scheiden, niet onderscheiden, dat is het belangrijkste parool dat de oude wijzen van de tao ons voortdurend voorhouden. Het is een symptoom van onze tijd dat we ons innerlijk niet alleen van onszelf hebben gescheiden, maar ook van alle uiterlijke dingen. We gaan daarin zelfs zo ver dat we problemen die met onszelf te maken hebben zoveel mogelijk van ons afzetten alsof ze niet bij ons horen. We zijn het zonder meer zelf die de werking van de tao in ons leven dusdanig begrenzen, dat ons dagelijks leven een trieste sleur is geworden. Leven in de geest van de tao met al onze gevoelens is bijzonder energiek. Het is levenslust op zijn allermooist.

Ons leven verloopt volgens de verwachtingen die we er zelf van hebben. En die verwachtingen zijn gevormd door de verzamelde ervaringen die we gedurende ons hele leven hebben opgedaan.

We verwachten een saaie oude dag en krijgen die dan ook. Het is een vicieuze cirkel van ervaring en verwachting, waaruit we niet loskomen zolang we dat met het denken en de inzet van het geheugen proberen. Wat de loop van het menselijk leven werkelijk beïnvloedt, konden we niet weten, want het werd ons door onwetendheid van de anderen door niemand verteld. Het begrip onwetendheid duikt daarom ook herhaaldelijk op in de uitspraken van de oude meesters en patriarchen. Ze zijn het allemaal met elkaar eens dat met het opheffen van de onwetendheid de kwaliteit van het leven onmiddellijk verandert en verbetert. Zodra je je rigoureus van je ervaringen kunt losmaken, ze niet meer als bepalend voor je levensloop erkent, zullen er andere krachten in je leven een rol gaan spelen die je tot dan toe eigenmachtig, weliswaar onwetend, maar desondanks uiterst effectief, buiten de deur hebt gehouden. Hou ermee op iets te willen worden. Koester ook geen verwachtingen meer van de toekomst. Blijf ook niet op diezelfde manier doorknokken. Alle methoden schoten tot nu toe tekort om je van angst en gebondenheid te bevrijden. Maar zodra je je van iedere vorm van motivatie losmaakt, van ideeën over wat er van je terecht moet komen, heb je de juiste stap naar je ware identiteit gezet; een identiteit die zich met de hele schepping en de tao één geheel voelt en vanuit de kennis dat alle dingen één zijn leeft en handelt. De dag die je, in het heden levend, zonder uit de tot dan toe opgedane ervaringen voortspruitende verwachtingen begint, zal een goede dag worden. Hij kan niet anders dan goed verlopen, wanneer je de destructieve kennis uit het verleden verder buiten spel laat en je je betere zelf niet voortdurend het roer uit handen rukt.

12 DE SPIRITUALITEIT IN DE TAO

Na alles wat je tot nu toe hebt gelezen, vraag je je wellicht af of er boven het hier beschreven volledig in het heden leven nog iets anders is. Een ervaring die bijzonder spiritueel, heel goddelijk, is. Die bestaat inderdaad. In wezen is die ervaring de volmaakte toestand van een leven in de geest van de tao. Wanneer we het leven van alledag vanuit deze nieuwe, onschuldige vorm van beschouwing het hoofd bieden, zal dat sowieso met talrijke gelukkige belevenissen gepaard gaan, ook al beheersen we de praktijk van een leven in de geest van de tao nog lang niet perfect en laten we ons door onze vroegere levenswijze steeds weer inpakken en afleiden. Er is niets heiligs of huichelachtigs aan deze manier van leven; zinnelijk genot wordt niet ontkend, niets is voor de mens die in de geest van de tao leeft, verboden. Degene die op zijn eigen, diepgewortelde moraal afgaat, zal altijd het juiste doen; er kunnen geen conflicten tussen spiritualiteit en genot ontstaan. Wanneer je je leven dus zo goed mogelijk in het heden doorbrengt en er geleidelijk aan in slaagt alle zelfverworven kennis, de vroegere dagelijkse ervaringen en alles wat van buitenaf wordt opgelegd, te loochenen, wanneer je onbevangen je dagen slijt, dan leef je al in de geest van de tao en heb je rechtstreeks contact met je eigen, voorheen ondergesneeuwde zelf. Op het gebied van de spiritualiteit bestaan talloze leren en methoden waarmee de mens tot verlichting kan komen. In het zenboeddhisme wordt verlichting 'satori' genoemd en het bereiken van satori is van het begin af aan het doel van alle beoefenaren. Al in het begrip 'beoefenaar' komt het essentiële verschil tussen de tao en alle overige filosofieën tot uitdrukking: de tao wordt geleefd en kent in deze zin geen enkele speciale discipline, zoals een meditatieve zithouding op een bepaald moment van de dag, of voorschriften over hoe je je zedelijk te gedragen hebt, of dat je je van 'wereldlijke' genoegens moet onthouden. Dergelijke voorschriften zijn voor wat de tao betreft uitsluitend andere vormen van banden waarvan de mens zich juist moet losmaken, als hij de tao voor zichzelf wil verwezenlijken. Daarbij kent de tao wel degelijk meditatie en wel in de meest harmonische en volmaakte vorm. Hier zal ik later nog op terugkomen. Maar die verlichting, wat men daar ook onder verstaat, is in de tao iets wat iedereen automatisch overkomt die eerlijk en ontvankelijk, voldoende vrij van angsten en zorgen in het heden leeft en zich door zijn innerlijke krachten laat sturen. Oefeningen in meditatieve zin zijn – zoals ik in vorige hoofdstukken al heb benadrukt – uitsluitend processen in het dagelijks leven en betreffen het observeren van wat zich in onszelf afspeelt met als doel het creëren van aandacht. Deze geestelijke maatregelen zijn niet aan tijd of een zich herhalend ritme gebonden. We gebruiken ze als hulpmiddel om tot innerlijke vrijheid te komen en dat zo vaak als nodig is.

Zoals gezegd, satori of verlichting is er op een dag volkomen vanzelf, zonder dat je er op de een of andere manier bijzonder je best voor moet doen. Deze toestand van verlichting (een afschuwelijk afgezaagd woord, maar ik ken geen beter) heeft eveneens niets heiligs of schijnheiligs in zich, het zal voor niemand een belemmering vormen een volstrekt normaal leven te leiden, alleen is dit leven nu van een geheel andere, uitzonderlijk hoge kwaliteit. Het is bijzonder moeilijk om te beschrijven hoe een verlicht mens zich voelt. Je kent die hele speciale geur wel zoals de natuur soms op een zoele lenteavond ruikt en die simpelweg lentegeur wordt genoemd. Probeer die geur eens zo te beschrijven dat iemand die hem nooit geroken heeft, zich er iets bij kan voorstellen. Onmogelijk, nietwaar? Met 'verlichting' is het net zo. Ze behoort tot een dimensie waarvoor in onze taal nog geen vocabulaire is ontwikkeld. En de mens kan alleen iets wat bekend is, herkennen of überhaupt waarnemen. Met dingen die buiten zijn ervaring vallen, kan hij niets aanvangen. Daarom kan ik alleen aan de hand van bekende fenomenen proberen een globale indruk van de zaak over te brengen. Ik gebruik bewust het woord 'zaak', opdat absoluut niemand het gevoel krijgt dat we het hier over religie hebben. Verlichting overkomt een mens als hij op de juiste wijze leeft, of hij daarin gelooft of niet. Deze ervaring is aan geen enkel dogma of uiterlijk gedragspatroon gebonden en is ook niet af te dwingen door gebeden of langdurige meditatieve sessies. Als je het op zo'n manier aanpakt – wat heel veel mensen doen – is dat zoiets als wanneer je in een auto achter het stuur gaat zitten en die auto zonder de motor te starten in beweging probeert te krijgen door je schrap te zetten tegen de veiligheidsgordels.

In het vorige hoofdstuk heb ik uiteengezet dat in de zienswijze van de tao (en van het zenboeddhisme) het universum niet een enorme verzameling van kleine deeltjes is, maar een gesloten geheel. De verlichte mens ervaart die eenheid van zichzelf met de rest van de schepping spontaan, hij voelt zich volledig in het geheel geïntegreerd. Zo begrijpt hij hoe de kosmos in elkaar steekt, voordat die als materie voor onze zintuigen toegankelijk wordt. Dit is geen ervaring van het verstand, de verlichte mens dringt in delen van zijn onderbewustzijn door, maar dat neemt hij niet door middel van gedachten waar, maar door een sterke intuïtie. Hij weet gewoon hoe het allemaal in elkaar steekt, begrijpt het, zonder dat hij precies kan verklaren hoe of waar dat vandaan komt. Kortom, het is het directe bewustzijn van een onafhankelijk geheel dat ondeelbaar is.

Ons ik is een constructie van herinneringen en onafgebroken pulserende gedachten. Het is een wisselwerking, waarbij uit gedachten het ego ontstaat en waarbij het ego op zijn beurt gedachten produceert die weer tot dat ego leiden. In de toestand van verlichting houdt het denken in de vorm die het tot dan toe had, volledig op. De mens behoudt uiteraard zijn herinneringsvermogen, onthoudt het adres waar hij woont en beschikt zonder beperkingen over zijn aangeleerde vaardigheden, maar zijn dagelijks leven wordt niet meer door het denken, maar enkel en alleen door intuïtie geleid. Er zijn nog wel degelijk gedachten, maar die blijven uit het zicht van het bewustzijn, alsof de betreffende persoon zich in een breed keteldal bevindt, terwijl zijn gedachten ver van zijn centrum stilletjes langs de verre bergkam zweven. Zo ver is het denken dan van de verlichte mens verwijderd. En met het denken houdt ook het ik op te bestaan. Zodra het hem aan een voedingsbodem ontbreekt, kan ons ego ons niet meer beheersen. Met vrij zwevende aandacht wordt de werkelijkheid ervaren, zonder vertekenende opvattingen of vooroordelen. De oerkracht van het zelf kan vrij en ongehinderd zijn gang gaan. Misschien kan ik het aan de hand van een metafoor laten zien. Je kent de huidige toestand van de grote rivieren in ons land. Aan beide kanten zijn ze door dijken ingedamd, alle oneffenheden, bochten en stroomversnellingen zijn afgevlakt en het water is zo goed als dood, volledig vervuild. Zo ziet ons eigen leven er ook uit. Ingedamd door dijken van regels van buitenaf, door eigen foutieve opvattingen afgevlakt en alle scherpe kantjes weggevijld door de opvoeding die alleen tot doel had ons aan te passen aan de normen van de maatschappij waarin we leven. Zo'n rivier kan zichzelf niet meer reinigen en is weerloos aan de rotzooi overgeleverd die aan één stuk door in hem wordt geloosd. Het leven in hem sterft af. Maar als je de dijken wegbreekt en het aan de machtige stroom zelf overlaat zijn weg door de natuur te zoeken, dan zou hij zich weer in kronkels en bochten voortbewegen, zou hij zich kunnen reinigen en weer gezond worden. Voor ons leven geldt dat net zo. Als we de kunst verstaan de dijken die ons inperken weg te breken, ons ongehinderd geestelijk te ontplooien en ons leven zijn natuurlijke loop te laten volgen, dan zijn wij niet anders dan zo'n bevrijde rivier. We genezen, alle troep wordt door de stroming van ons eigen leven weggestuwd. En deze toestand van totale bevrijding, dit leven zonder innerlijke versperringen en beperkingen, is kenmerkend voor het verlicht zijn.

Verlichting is een rechtstreekse confrontatie, het rechtstreekse contact met het absolute. Dan valt de opsplitsing van de werkelijkheid in talloze afzonderlijke verschijningsvormen weg, die uitsluitend uit het verstand is voortgekomen, en de mens probeert de werkelijkheid niet meer op die manier te begrijpen. De aaneengeschakelde momenten die het heden vormen, zijn tegelijk ook de eeuwigheid. Eeuwigheid is het bestendige heden en daarin leeft de mens in de geest van de tao. Dienovereenkomstig is verlichting ook de ervaring van het absolute heden. In zijn verlichting opent de mens de ogen voor de realiteit; hij is dan in staat om de dingen te zien zoals ze daadwerkelijk zijn, hier en in het volmaakte heden.

Is er dan niet toch een mogelijkheid, een methode, om die stap naar verlichting te ondersteunen? Die is er inderdaad, maar die is, als je wilt dat ze werkt, aan een reeks voorwaarden verbonden. Het taoïsme kent een soort yoga die sterke overeenkomsten vertoont met de Indische yoga, hoewel het van oorsprong Chinees is. Deze yoga is in eerste instantie op de verwezenlijking van een lang leven op aarde gericht en berust op verschillende ademtechnieken, die tot kundalini-achtige resultaten kunnen leiden. Over deze yoga wil ik het echter niet hebben. Een weg waarvan je met enige zekerheid kunt zeggen dat hij de verlichting dichterbij brengt, is mediteren. En wel een heel bepaalde vorm van meditatie. Een citaat van Chuang Tze:

'Wanneer je in uiterste stilte verkeert, zal het hemelse licht stralen. Wie dit hemelse licht uitstraalt, ziet zijn ware zelf. Wie zijn ware zelf bewaart, verwezenlijkt het absolute.'

Het heeft beslist geen zin dat je er nu meteen voor gaat zitten, probeert je gedachten te onderdrukken en dat enige tijd, een minuut of twintig of een uur, met over elkaar geslagen benen volhoudt. Dat is volslagen onzinnig en levert in het beste geval een suggestie van rust op. Voordat je je aan de meditatie van de stilte zet, is het noodzakelijk dat je je van al je banden bewust bent geworden en je je er stuk voor stuk van hebt losgemaakt. Wie goed wil mediteren, moet vrij van alle banden zijn, van de dijken die zijn geest en zijn psychische gezondheid inperken. Ik heb er al verschillende keren op gewezen hoe je het dilemma van het gebonden-zijn kunt oplossen. Het observeren van de processen die zich in jezelf afspelen, was al een sterke meditatie... en die werkt. Wanneer je vervolgens in een geestelijk onbezwaarde toestand echt vrolijk en vol levenslust in het heden, in het hier en nu, leeft zonder aan gisteren of morgen te denken, dan is het moment daar om met het echte mediteren te beginnen.

De oefening van de stilte kun je overal doen. Thuis in een rustig hoekje, tijdens een wandeling in de natuur of in het openbaar vervoer. Of je je ogen er al dan niet bij wilt sluiten, is geheel aan jou en dat geldt ook voor je lichaamshouding. Meditatie functioneert of functioneert niet. De houding die je erbij aanneemt, heeft daar geen invloed op. En kies er ook niet een vast tijdstip voor uit, zoals je er ook geen bepaalde tijd voor moet uittrekken. Kijk eens naar een kat. Het dier zoekt een plekje uit en blijft daar een tijdje rustig zitten of liggen. Als ze het wel weer genoeg vindt, staat ze op om iets anders te gaan doen. Over dat zitten of liggen denkt ze niet na, ze doet het gewoon en gaat iets anders doen zodra ze er genoeg van heeft. Zoals deze kat doet, moet het met het mediteren ook gaan. Zonder plan, zonder dwang en gewoon in de lichaamshouding die je op dat moment het prettigst vindt, lopend, zittend of voor mijn part liggend. Mediteer net zo lang als je je er zelf prettig bij blijft voelen en dwing jezelf tot niets. Iedere minuut die je op de juiste wijze mediterend doorbrengt, is veel zinniger dan de lange uren van meditatie met de verkeerde instelling.

De inhoud van je meditatie is stilte. Geen stilte ten gevolge van onderdrukte zintuiglijke prikkels of met veel moeite afgeremde gedachten. Natuurlijk moet je geest vrij van storende gedachten zijn. Die vrijheid bereik je probleemloos wanneer je je simpelweg als waarnemer van je gedachten opstelt, ze al verwacht voordat ze überhaupt opduiken. Bij deze oefening zul je al snel merken dat je gedachten tot rust komen, afnemen en uiteindelijk als vanzelf helemaal wegvallen. Je hoeft alleen maar afstand van ze te nemen en ervoor te zorgen dat je je niet met ze inlaat. Dit observeren, deze aandacht, hou je vervolgens gedurende je meditatie vast. Bewaar de stilte en blijf attent. Met al je zintuigen ben je in jezelf gericht. Meer is niet nodig. Wanneer dit mediteren vanuit een toestand van innerlijke vrijheid gebeurt, geeft je dat onvoorstelbaar veel energie en treedt er een intelligentie in werking die zich aan je rationele denkvermogen onttrekt. En op een dag zul je geheel pretentieloos en zonder spectaculaire bijverschijnselen als bijvoorbeeld het zien van lichtkransen of andere visioenen, een diepgaand beeld van de werkelijkheid ervaren. Dan is de waarheid, ook wel verlichting genoemd, bij je ingetrokken.

13 OEFENINGEN VOOR IEDERE DAG

Helemaal in het begin, in het voorwoord, heb ik gezegd dat een van de belangrijkste moeilijkheden het afzien van motieven is. Afzien van motieven wil zeggen dat je je leven zonder een bepaalde bedoeling leeft, zonder het vooropgezette doel iets te willen worden of te willen bereiken. De wijzen van de tao hebben voor deze onbevangen manier om je dagen door te brengen een bijzonder gracieuze gelijkenis gevonden: een meer en een kraanvogel die over het spiegelgladde wateroppervlak vliegt. De kraanvogel wordt weerspiegeld in het meer, maar de vogel noch het meer zijn bewust op de weerspiegeling uit. Zo vederlicht zal ook ons leven in de ideale toestand zijn. Dat dit alles gemakkelijker gezegd is dan gedaan, weet ik drommels goed. Wel kan ik uit eigen ervaring bevestigen dat materiële belangen, dus financiële kwesties en dingen die met het werk te maken hebben, in de tao al meteen in goede handen zijn zodra ik maar voldoende krachtdadig heb besloten vanaf dat moment zo te leven. Het lijkt alsof er een hand is die vanuit de toekomst dwars door de tijd heen in mijn bestaan ingrijpt en me met een gemoedstoestand beloont die ik pas door de ongemeen positieve ervaringen van deze levenswijze zal bereiken. De ene prettige ervaring na de andere bevestigt vervolgens de juistheid van mijn besluit, en zelfs de kleingeestige dagelijkse beslommeringen en zorgen vallen van me af. Ik krijg het voor elkaar om hier en nu heel bewust en met alle zintuigen waarnemend te leven en te handelen. Zodra er iets besloten is, blijf ik niet piekeren of het wel de beste oplossing is geweest en analyseer ik het niet. Ik luister naar mijn innerlijk, ontvang vandaaruit een spontane, duidelijke impuls en handel onmiddellijk (waarbij dat handelen heel goed ook uit een fel antwoord kan bestaan, fel en moedig, terwijl ik vroeger wellicht uit berekening voorzichtiger had gereageerd). Aan mezelf heb ik gezien dat dit zonder vooropgezet doel handelen op een gegeven moment vanzelf gebeurt, waarbij de dingen die ik tot dan toe volledig weloverwogen deed, als het ware een automatisme zijn geworden. Op deze manier verdwijnt al snel iedere vorm van berekening uit mijn handelen. Ik moet geheel en al van mezelf uit niet meer corrupt zijn. Vergeet niet dat het leven van de meeste mensen van corruptie doordrenkt is, al vanaf hun vroegste kindertijd. Corruptie houdt in dat ik iets doe omdat ik er iets voor terugkrijg. Zo ga ik wellicht naar de kerk omdat daar iemand zogenaamd mijn zonden vergeeft of me belooft dat me na de dood het hellevuur bespaard zal blijven, of me nog weer heel andere kolder verkoopt.

Corrupt ben ik ook wanneer ik iets nalaat wat ik graag wel zou doen, omdat ik bang ben voor de straf waarmee men heeft gedreigd. Hiermee beginnen ook de eerste aanpassingsprocessen in ons leven. We doen ons best een lief kind te zijn, opdat onze moeder van ons houdt en wij geen slaag krijgen of een andere vorm van straf, zoals bijvoorbeeld het kortstondig intrekken van privileges (bijvoorbeeld dat je niet mag buitenspelen). Niet corrupt zijn vergt moed, en de kracht onze eigen verantwoordelijkheid te nemen. We zijn met zijn allen toch maar al te vaak geneigd om de verantwoordelijkheid die eigenlijk bij onszelf berust, op de schouders van een ander te leggen, ook al betalen we daarvoor door te doen wat de ander, die de verantwoordelijkheid overneemt, van ons verlangt. Wie in de geest van de tao leeft, is niet bang voor verantwoordelijkheid. Hij staat open voor iedere taak waarvoor hij zich in het leven gesteld ziet. En hij zal niet vanwege het profijt dat hij ervan heeft iets doen wat hij eigenlijk niet wil doen. Zijn dagen worden niet meer gedicteerd door winstbejag en de angst om iets kwijt te raken. Hij leeft in de waarste zin gelaten. In het woord gelatenheid ligt het begrip loslaten besloten. En daarbij gaat het om onze materiële en ideële banden. Zodra we die in onszelf hebben losgelaten, zal ons leven volstrekt zorgeloos zijn. Wie eenmaal in de praktijk heeft ervaren hoe schitterend de tao op de achtergrond de touwtjes in handen heeft, maakt zich verder geen zorgen meer, wat er ook allemaal op hem af mag komen.

Ook al heb ik geprobeerd dit alles zo duidelijk mogelijk over te brengen, toch kan ik me voorstellen dat er nog vragen en onzekerheden zijn, met name voor wat de praktische omgang met de gedachten in je leven betreft. Daarom zal ik hier, ondanks alle uitspraken die ik daar eerder over heb gedaan, toch een paar oefeningen geven die de eerste aanzet tot een leven in de geest van de tao vergemakkelijken. Deze oefeningen zullen noodgedwongen een vooropgezet doel hebben, er zal hoe dan ook een wilsdaad aan vooraf moeten gaan. Maar je hebt daarmee wel de mogelijkheid dit alles in het normale alledaagse leven net zo vaak te oefenen tot het een automatisme is geworden, waarna ze dan inderdaad zonder bedoeling, volstrekt zonder motief, kunnen worden gedaan.

Het erkennen van je banden

Iedereen heeft zijn eigen banden, de een meer dan de ander. Maar we hebben ze allemaal. Voordat je je van je banden kunt bevrijden doordat je ze als zodanig erkent, moet je eerst een overzicht hebben van waar je je allemaal aan hecht en wat je vasthoudt. Je kunt voor jezelf een lijstje maken waarin je één voor één opschrijft wat voor banden je zoal bij jezelf kunt ontdekken. Het opschrijven op zich is al een vorm van observeren. Je neemt op die manier waar, waaraan je vastzit, op welke wijze je niet vrij bent. Daarbij kan het om zuiver materiële bezittingen als onroerend goed, aandelen, voertuigen, juwelen of geld gaan, of om ideële zaken als de relatie met een partner, vriendschappen, je positie in het bedrijfsleven of elders in de samenleving, of om je instelling ten opzichte van politieke, religieuze en filosofische kwesties. Je moet weten dat bij mensen in de geest van de tao ook de mening die ze voorheen over zichzelf hadden, niet meer opgaat. Anders zijn ze niet volkomen vrij. De banden met fenomenen van de eigen innerlijke autoriteit, het eigen ik, zijn het moeilijkst om je van los te maken. Maar juist die hebben tot nu toe onze levensstijl bepaald, voor een deel zonder dat we ons dat bewust waren. Wanneer je in staat bent om alles wat je tot nu toe bent tegengekomen en alles waarvan je vanaf dat moment hebt gehouden en dat voor jou van waarde was, als een band te beschouwen (voor een deel ook puur voor de zekerheid) en verder alles te verloochenen wat men je vanaf je vroegste kinderjaren als waarheid over je bestaan en het leven heeft voorgehouden, dan heb je daadwerkelijk een directe stap op weg naar innerlijke vrijheid gezet. Ik wil nogmaals benadrukken dat niemand zijn vrouw of man moet verlaten om vrij te kunnen zijn. Gebondenheid is een proces dat van binnenuit plaatsvindt, heel verborgen. Zo diep verborgen dat je je lijst waarschijnlijk niet in één keer zult kunnen opmaken, omdat er in het geniep simpelweg te veel dingen aan je vastzitten zonder dat je je dat bewust bent. In vrijheid is het veel makkelijker om van anderen te houden. Wanneer wij de ander vanuit onze gebondenheid liefhebben, gaat dat met veel eigenbelang en corruptie gepaard. Maar dat is nooit het geval wanneer liefde uit innerlijke ongebondenheid voortvloeit.

Lees je lijst iedere dag één of meerdere keren door, vul hem aan als je nog dingen te binnen schieten – en observeer. Observeer hoe je in het dagelijks leven op dingen, personen en ideeën reageert, eraan gebonden bent en hoe je reacties door die gebondenheid beïnvloed zijn. Je zult al snel inzien dat je veel dingen heel anders zou aanpakken en heel andere beslissingen zou nemen, wanneer je zonder die banden zou kunnen leven. Hoe beperkt je bestaan onder deze omstandigheden is geworden, wordt je toch pas duidelijk wanneer je de misère onder ogen kunt zien zonder weg te kijken en je de werkelijkheid, de feiten, neemt zoals ze zijn zonder ze door verstandelijke interpretaties te verdoezelen. Let er vooral goed op dat je je gedurende het observeren niet door bijgedachten laat storen. En vermijd verstandelijke commentaren op de fenomenen die je je bewust wordt. Neem vooral ook heel zorgvuldig je opvattingen onder de loep. Die zijn bij ieder mens geconditioneerd en bevooroordeeld. We oriënteren ons helaas maar al te graag op de spelregels en wetten die de maatschappij in het leven heeft geroepen en richten ons in ons denken naar de publieke opinie in plaats van dat we op de gevoelens die diep in onszelf zetelen, vertrouwen. Zolang je beslissingen voornamelijk met het oog op de publieke opinie neemt en je daarbij niet uitsluitend je eigen intuïtie volgt, ben je nog behoorlijk gebonden, en waarschijnlijk registreer je de volledige omvang en consequenties van die gebondenheid helemaal niet meer. Ik predik hierbij absoluut geen rebellie of revolutionaire ideeën, want de enige revolutie waarvan hierbij sprake is, vindt in jezelf plaats, van buitenaf niet waarneembaar. De mens in de geest van de tao zal automatisch het juiste doen en binnen de grenzen van de geldende wetten blijven zonder dat een ander hem daar speciaal op zal moeten wijzen. Maar de orde waarin hij leeft, is natuurlijk, hem door niemand van buitenaf opgedrongen. Zijn morele waarden zijn echt, geen schijnheilig gedoe dat alleen in een fraai jasje is gestoken om anderen te misleiden. Andere mensen zul je misschien voor de gek kunnen houden, maar bij de tao gat dat spelletje niet op. Hierbij geldt alleen absolute eerlijkheid. Eerlijkheid tegenover jezelf. Wanneer je een band waarneemt, maar die niet onder ogen wilt zien, dan bestaat die band desondanks wel degelijk, of je hem nu wilt zien of niet, of je je zwakheid voor jezelf wilt toegeven of niet. Dat is het mooie van een leven in de geest van de tao: er is geen huichelarij, geen misleiding of bedrog.

Hoe grondiger je je van je banden en afhankelijkheden ontdoet, hoe sterker de aandacht wordt en het vermogen om hier en nu vrij van angsten en zorgen te leven. Je kunt beter te grondig dan te nonchalant zijn. En nog een advies: een leven in de geest van de tao is vrolijk en opgewekt, niet bloedserieus en streng. Je kunt het leven beter als een spel zien, in plaats van dat je het vol zelfmedelijden als een lijdensweg door een tranendal beschouwt. En zet je nu niet krampachtig aan deze oefening, ga niet geforceerd op zoek naar je boeien, maar doe het luchtigjes alsof je zelf een dwarrelend veertje bent. Dan zal het observeren, het schenken van aandacht, je ook beslist niet zwaar vallen. De dingen gebeuren vanzelf, zo onbezwaard, zo makkelijk zal het zijn als je maar inziet hoe je het allemaal loslaat. Hierbij zal het geruststellend zijn om te weten dat het proces van het loslaten van het gebonden-zijn op zich niet een klus is die we zelf moeten klaren. Die taak kunnen we gerust aan de tao overlaten. Ons rest alleen het gedeelte waarbij het om toekijken, aandachtig zijn, observeren gaat.

De kunst van het leven in het heden

'Wanneer ik eet, dan eet ik; wanneer ik drink, dan drink ik; wanneer ik slaap, dan slaap ik.' Zo verwoordde ooit een wijze uit het oude China zijn manier om in het heden te leven. Dit klinkt ongelooflijk simpel, je denkt: dat doe ik toch ook. Maar ik moet je helaas zeggen dat je dat nu juist niet doet, eten wanneer je eet. Wanneer je eet... bekijk gewoon eens zelf wat er dan precies gebeurt. Terwijl je een hap in je mond stopt, kauwt en doorslikt, ben je met je gedachten heel ergens anders. Bij het ontbijt snellen je gedachten vooruit naar het werk dat je gaat doen, ondertussen smeer je je boterham zonder dat je je dat werkelijk waarneemt. Je bent bezig je op de inspanningen en uitdagingen van de komende dag voor te bereiden en denkt na over wat er mogelijk gaat gebeuren en hoe je daarop zult reageren. Dat is wat je echt doet terwijl je ontbijt. En tijdens de andere maaltijden is dat niet anders. Wanneer je heel eerlijk bent, zul je moeten toegeven dat je eigenlijk maar zelden met al je zintuigen op de plek bent waar je je op dat moment bevindt. Je snelt vooruit naar komende gebeurtenissen of gaat met je gedachten terug en analyseert in je herinnering bepaalde gebeurtenissen die op dat moment ogenschijnlijk relevanter zijn dan hetgeen je op dat ogenblik aan het doen bent. Met andere woorden: je leven speelt zich niet in het heden af. Want gedachten zijn een gevolg van hersenactiviteit. De hersenen zijn materie en vergankelijk. Bijgevolg zijn onze gedachten eveneens materieel en vergankelijk. Aangezien in het denkproces altijd alles met waarden en gegevens uit het verleden wordt vergeleken – ook als het de toekomst betreft – en dus bij alles wat je onderneemt het archief van de herinnering wordt geraadpleegd, vertoef je in principe in het verleden wanneer je begint (of niet ophoudt) te denken. Dat is een feit.

Ik geef toe dat het heel, heel erg moeilijk is om met al je zintuigen in het heden te blijven. Al onze prikkels drukken ons steeds maar weer in het verleden terug. We zijn ook niet in staat om onze gedachten onafgebroken gericht te houden op wat we op het moment zelf aan het doen zijn, voortdurend dwalen we af naar dingen die niets met het moment zelf te maken hebben. Op die manier ontwijkt de mens steeds wat zich daadwerkelijk voor zijn ogen afspeelt en leeft in een minder actuele dimensie. Met deze ondeugd de werkelijkheid nooit rechtstreeks onder ogen te zien, zijn we al sinds onze kinderjaren behept. Omdat we ons niet bewust zijn van deze gewoonte kunnen we er niet van loskomen. We beelden ons daadwerkelijk in dat we echt met eten en drinken bezig zijn wanneer we die dingen doen. De eerste oefening is daarom dat je in het vervolg je aandacht richt op wat er in je onmiddellijke omgeving gebeurt. Concentreer je in het begin ook op je gedachten en leid die naar wat je op dat moment aan het doen bent. Aangezien onze geest er helemaal niet op is ingesteld om in het heden te leven, zal er enige energie voor nodig zijn om de traagheid van de oude, vastgeroeste gewoonten te overwinnen. Je moet om te beginnen belangstelling voor het heden hebben. Op dit punt ligt meestal de eerste hindernis op de loer. Ons dagelijks leven zoals het zich dag in dag uit aan ons voordoet, bevalt ons allerminst. Het is monotoon, herhaalt zich, de dagen lijken op elkaar als eieren, en zelfs onze gedachten cirkelen in kringetjes rond, herhalen zich voortdurend. Soms voelen we ons zoals wellicht een plant zich voelt die uit een zaadje is ontsproten dat door het lot op een donker, onaangenaam plekje is terechtgekomen, waar hij nu maar moet zien te overleven. We kunnen aan ons leven niets leuks ontdekken en daarom zijn we voortdurend op de vlucht voor de werkelijkheid. Onze geest, onze gedachten zijn steeds maar in de weer om ons van de triestheid van het moment weg te leiden en ons met een beeld van een bestaan in betere contreien te paaien. En zo verstrijken de jaren, gaat het leven voorbij. We hebben geleefd en toch eigenlijk niet geleefd. Het was een voortdurende vlucht, het ontwijken van de schijnbaar harde werkelijkheid. Als er dan iemand verschijnt die ons die vluchtroute wil afnemen en van ons verlangt dat we de misère van het leven onder ogen zien, dan hebben we automatisch de neiging dat onredelijk klinkende voorstel af te wijzen. Wie kan dat? Wie kan zich ertoe zetten om de eigen hulpeloosheid ten opzichte van de omstandigheden onder ogen te zien, zich ermee te identificeren en haar zonder voorbehoud te aanvaarden, zomaar zonder meer? De angst voor dat afgrijselijke gevoel hebben we al sinds onze kinderjaren geleerd te verdringen. Het verwijlen in gedachten en dagdromen waarin we onszelf succesvol en krachtig zien, is het enige alternatief dat we kunnen verzinnen. En in de praktijk van het leven proberen we zo goed als het gaat een deel van die macht naar ons toe te trekken, omdat we er ogenschijnlijk een bepaalde zekerheid aan ontlenen en het ons beperkte leven draaglijker maakt. Ter wille van deze zekerheid onderwerpen we ons voortdurend aan de autoriteit van anderen, accepteren die en gedragen ons conform haar richtlijnen, hoewel we daarbij vaak tegen onze innerlijke overtuiging ingaan. We compenseren dit door in gedachten zoveel mogelijk afstand te nemen van wat er werkelijk gebeurt.

Op een dergelijke manier gaan we ook met onze problemen om. We verwerken ze in gedachten, analyseren ze, zoeken naar mogelijkheden om ze op te lossen en draaien daarbij net zolang in kringetjes rond tot we een uitweg hebben gevonden. Door onze gedachten gaan onze problemen met visioenen van overwinning en grandeur gepaard, en steeds verdoezelen we alle ellende en tegenslagen, iedere dag opnieuw, en houden onszelf daar doelbewust mee voor de gek. Daarnaast zijn we op geestelijk niveau ijverig op zoek naar de zin en het doel van het leven. We hebben geleerd dat op aarde alles een reden moet hebben, een doel, het moet allemaal op de een of andere manier zin hebben. Dat idee is een product van het verstand en het klopt niet. Ons bestaan heeft geen bepaald nut, heeft geen reden en geen doel. Het is misschien moeilijk voorstelbaar, maar het is wel waar. Uiteraard ontbreekt dan ook de zin van een loutering in het tranendal. Het leven is niet voorbestemd om de mens met een kommervol bestaan op te zadelen. Ons leven moeten we gewoon ter wille van het leven zelf leven, verder niets. Maar dan wel op de juiste manier. En die juiste manier om te leven hebben we om zeep geholpen vanaf het moment dat we het heden vanuit het verleden zijn gaan beleven, in analyserende gedachten die op herinneringen teruggrijpen, maar niet rechtstreeks. Wie helemaal in het heden leeft, moet zijn moeilijkheden, de saaiheid en alle minder prettige feiten onder ogen zien, ongeacht of hetgeen hij waarneemt hem bevalt of niet. Het is echt niet zo dat we alles wat we als werkelijkheid in ons leven erkennen nu ook direct van het begin af aan leuk moeten vinden. We zijn gescheiden van ons eigen zelf, van onze oorspronkelijke aard die de essentie van de eigenlijke mens is. Wat wij voor onszelf, voor de mens aanzien, is ons ik, het beruchte ego. Dit ik is een constructie die altijd uitsluitend uit denken, gedachten, kennis, ervaringen en herinneringen is opgebouwd en zijn bestaan op waarden uit het verleden baseert. Het ego kan onmogelijk in het heden leven. Wanneer je het voor elkaar hebt gekregen al observerend voor de volle honderd procent aanwezig te zijn, en dat op ieder willekeurig moment van de dag, dan leef je via je oorspronkelijke zelf, het ware zelf van Chuang Tze. Dit leven vanuit het eigen zelf is al een feit wanneer je je gedachten op het heden kunt richten en die gedachten tegelijkertijd kunt observeren. Doe dat, omwille van je eigen geluk en welzijn.

Neem je voor, dit bewuste waarnemen van het heden van nu af aan dagelijks te oefenen. Observeer met aandacht. Let daarbij vooral op je gedachten, die zo graag van het heden, van het moment zelf, afdwalen en je proberen af te leiden. Geef je aan deze aanvankelijk vervelende situatie over en zie de feiten onvervaard onder ogen. Want daarmee verander je tegelijkertijd je situatie. Wat je duidelijk niet bevalt, zal uit je leven verdwijnen. Met het vrijmaken van je oorspronkelijke zelf komen er krachten vrij die ten dienste van je geluk werken en je situatie wezenlijk veranderen, en dat op een veel betere manier dan je jezelf met oefeningen in positief denken zou kunnen voorspiegelen. Laat het aan de autoriteit van de tao over hoe je leven in het vervolg zal zijn. Als je spontaan je ingevingen volgt, zul je geen fouten maken.

Je gedachten worden in het heden steeds minder belangrijk en zullen onder invloed van je observerende zintuigen geleidelijk afnemen en rustiger worden, verder van je kern verwijderd opklinken en weer wegzweven. Je hoeft dan alleen nog de prikkels te volgen die je voor de uitvoering van de bezigheden op het moment zelf van pas komen. Ideeën en denkbeelden die je dierbare persoontje betreffen, zullen drastisch wegvallen. Want je zult het al snel niet meer nodig hebben om je een beeld van jezelf te vormen; je hebt jezelf geaccepteerd zonder nog iets te willen veranderen, zonder iets anders te willen zijn dan wat je bent: een mens die in het hier en nu leeft. Omdat je parallel hieraan al je best hebt gedaan je banden te erkennen en je je er al vrijwel helemaal van hebt losgemaakt, kunnen er ook geen gedachten meer omheen cirkelen die je afleiden. Geheel vanzelf ontstaat er rust en harmonie in je tot dusverre zo chaotische geest. Conflicten en chaos verdwijnen en hebben niet meer de energie om weer op te flakkeren.

Het omgaan met problemen

Het recept is bijzonder eenvoudig. Lastig zijn de voorwaarden waar je aan moet voldoen voordat je het recept kunt gaan gebruiken. Maar goed, die voorwaarden hebben we al uitvoerig besproken: vrijheid van alle innerlijke gebondenheid, en leven in het heden. Meer is niet nodig, maar met minder lukt het ook niet.

Het is heel belangrijk om het volgende niet te vergeten: twijfel of geloof beïnvloeden de werking van de krachten van de tao absoluut niet. Het zijn allebei denkprocessen die geen contact met gebieden hebben die zich buiten de gedachtewereld bevinden. Wie op de juiste manier in de geest van de tao leeft, dus van moment tot moment, zal sowieso niet door ideeën die uit twijfel of geloof voortkomen worden gekweld; hij is helemaal vrij van gekunstelde denkbeelden. Hij leeft in de realiteit en neemt waar wat is en wat gebeurt, geen dingen die eventueel zouden kunnen gebeuren. Dat is zinloos en het loont de moeite niet erover in te zitten. Toch ziet ook iemand die in de geest van de tao leeft zich met de dagelijkse lasten van het leven geconfronteerd, maar hij gaat de uitdagingen met andere middelen te lijf dan mensen die uitsluitend verstandelijk te werk gaan.

Wij mensen bezitten naast ons logische verstand, diep verborgen en tot nu toe weggedrukt door de werkwijze van het intellect, een sensibele intelligentie. Deze intelligentie gaat in het dagelijks leven van de meeste mensen verloren in het luidruchtig geschreeuw van de gedachten in het hoofd. In ogenblikken van uiterste crisis schemert er soms iets van deze energie door, maar we zijn niet in staat om daar over een langere periode ons voordeel mee te doen. Deze energie valt buiten iedere vorm van denken. Het klinkt misschien paradoxaal dat ware intelligentie niets met denken van doen heeft. Maar wanneer je ervan uitgaat dat het begrip intelligentie slechts een door ons willekeurig gekozen etiket voor het vermogen tot logisch en constructief denken is, maar dat deze soort van logica niets met de kosmische intelligentie te maken heeft, zijn we al een stap verder. De intelligentie waar ik het hier over heb, staat in de natuur bijvoorbeeld aan de basis van fenomenen als planten die hun zaden via de maag van vogels verspreiden. Wanneer er in ons leven een probleem opduikt, of dat nu een ziekte, een financiële aangelegenheid of een conflict in een intermenselijke relatie is, dan kunnen we dat probleem met deze in ieder mens aanwezige, immateriële intelligentie uit de wereld helpen. Daarvoor is ons denken absoluut niet geschikt. Zolang we over mogelijkheden piekeren, ons hoofd pijnigen, zolang we met ontoereikende middelen een weg uit de tijdelijke misère proberen te vinden, blokkeren we automatisch de inzet van die andere kracht in ons. Die komt niet in actie zolang de mens met de instrumenten van het ego werkt. Pas wanneer we ons niet meer met de oplossing van het probleem inlaten, kan deze intelligentie zijn macht ontplooien en de moeilijkheden voor ons uit de weg ruimen. Dit proces voltrekt zich volstrekt zelfstandig. We hoeven er alleen maar voor te zorgen dat de essentie van het probleem, van wat er gedaan moet worden, heel dicht bij ons diepere zelf wordt gebracht. En dat bereiken we door het aandacht te schenken, door het te observeren. We moeten ons probleem heel precies observeren, het van alle kanten onder ogen zien, en niet wegkijken wanneer we de misère aan onszelf te wijten hebben of wanneer er gevaar dreigt en wellicht zelfs ons leven op het spel staat. Kijken, en wel heel aandachtig. Maar geen gedachten aan het probleem verspillen, het uitsluitend bekijken. Je zult daarbij het gevoel hebben dat toekijken, aanvoelen volstrekt nutteloos is. Het lijkt allemaal zo weinig effectief, zo zwak, zo zinloos. En juist die zwakte, dat aanvaarden van de eigen onmacht, hulpeloosheid, tegenover de dingen waarmee we ons geconfronteerd zien, wekt de spontane actie van de tao op. Het gaat erom dat je het probleem aanvoelt, dat je het voelt en dat op een manier die met het in eerdere hoofdstukken beschreven 'bedachte' voelen niets van doen heeft. Je moet oefenen een echt gevoel voor je problemen en je levensomstandigheden op te brengen. Je kunt rustig van me aannemen dat je, als je eenmaal hebt geleerd om op deze wijze met problemen om te gaan, alleen al door de opwekkende ervaring die je ermee opdoet, nooit meer zult proberen iets op een andere manier te bereiken. Over het 'hoe' van een oplossing moet je je nooit en te nimmer het hoofd breken. Je zult er op vooruitlopen of je er volstrekt verkeerde verwachtingen over vormen. Zo slim en grondig als deze diepere intelligentie in jezelf kan je beperkte verstand de uitdagingen in het leven, in welke vorm dan ook, niet het hoofd bieden. Het heeft je wellicht geïrriteerd dat ik hiervoor schreef dat twijfel of geloof dit proces niet beïnvloeden. Maar vergeet hierbij niet dat deze intelligentie die zich aan het denken onttrekt, wel een deel van jezelf is; ze is er, weliswaar verborgen, maar ze bestaat. Je kunt je onderbewuste vermogens wel ontkennen, negeren of afwijzen, maar ze zijn er toch. Daarom kunnen geloof en twijfel deze realiteit niet aantasten of onderuithalen. Uiteindelijk hangt het toch alleen van jezelf af, van je bereidheid om de intelligentie van de tao, die in jezelf zetelende creatieve kracht, in jouw plaats het werk te laten doen en oplossingen voor de problemen te vinden. Zolang je op eigen gezag, eigenmachtig ageert, sterk je uitsluitend je ego, die kunstmatige constructie die je verwezenlijking aan alle kanten alleen maar in de weg staat.

Met wensen van welke aard dan ook ga je net zo

om als met problemen. Laat de details aan de wijheid van de tao over, hou je alleen met het ruimere kader bezig. Observeer die wensen alleen zonder erover na te denken, voel ze aan, volg ze gevoelsmatig – daar zijn, zoals de ervaring leert, maar heel geringe prikkels voor nodig – en je zult merken hoe makkelijk het is om je leven door de kracht van de tao te realiseren in plaats van al het geharrewar waarmee je ego zich door het leven denkt te kunnen slaan.

Verzorg je lichaam

De tao kent geen beperkingen voor wat zintuiglijk genot betreft en schrijft geen dieet of voedingsregels voor. Omdat je in jezelf alle reeds beschreven vermogens bezit die niemand je kan afnemen en die je hoogstens jezelf onthoudt omdat je het onmogelijk acht dat je erover beschikt, is je uiterlijke gedrag nauwelijks van invloed op de werking van je kosmische energieën. Huichelaars hebben er het grootste plezier in om ons voor te schrijven hoe we zouden moeten leven, vertellen ons wat zonde is en wat niet, en ondertussen zijn ze zelf zozeer gefrustreerd en gebonden dat je er alleen maar medelijden mee kunt hebben. Dergelijke lieden zijn zo ver van hun kern verwijderd, van hun eigen zelf gescheiden, dat het afgrijselijk moeilijk voor hen zal zijn zich van dit eenzijdige beeld van hun bestaan te bevrijden.

Met betrekking tot je spirituele leven kun je onbekommerd iedere dag aan seks doen, complete orgieën wat mij betreft, er hele flessen sterke drank bij achteroverslaan, zestig sigaretten per dag roken en kilo's vlees verslinden. Een dergelijk excessieve levenswijze zal de stroming van de tao maar op één manier beïnvloeden: je lichaam kan er niet tegen. Wij als geciviliseerde mensen hebben al heel lang het contact met ons lichaam verloren. Ik heb het hierbij niet over een narcistische, cultische verering van ons lijf. Dat we het contact met ons lichaam kwijt zijn, blijkt uit het feit dat we ons organisme verwaarlozen, het niet meer de noodzakelijke aandacht schenken en het over het algemeen voortdurend dingen laat doen die het weliswaar een hele tijd zonder te klagen ondergaat, maar die er wel degelijk schadelijk voor zijn. De mens in de geest van de tao bouwt helemaal vanzelf een geheel nieuw contact met zijn lichaam op, omdat het een eenheid met de menselijke geest vormt, er niet van gescheiden is; samen zijn ze een wederzijds op elkaar inwerkend organisme dat sterk aan immateriële stromingen en invloeden onderhevig is. Ik stel – en daarin sta ik niet alleen – dat ziekten in principe van oorsprong psychosomatisch zijn, dat aan iedere kwaal in welke vorm dan ook in eerste instantie altijd een geestelijke voedingsbodem ten grondslag ligt, voordat die tot uitbarsting komt en zich in de vorm van een of andere organische storing kenbaar maakt. Het is heel belangrijk om ons lichaam niet als iets te beschouwen wat van ons gescheiden is. Het zou verkeerd zijn om de mens uitsluitend als een lichaam te zien, met hersenen als zetel van onze geest, terwijl beide voor ons welzijn en ons geestelijke, mentale prestatievermogen een belangrijke rol spelen.

Daarom wil ik toch nog een paar adviezen geven hoe je een hechter, beter en invoelend contact met je lichaam en zijn behoeften kunt ontwikkelen. Als je er heel goed op let, zul je vaststellen dat van alle zintuigen het gezichtsvermogen het meest bewust wordt ingezet, met op de tweede plaats het gehoor en ten slotte de overige zintuigen als ze van pas komen, waarbij de tastzin nauwelijks nog als belangrijke levensfunctie wordt waargenomen. Wie volop van de natuur wil genieten, moet leren die met al zijn zintuigen waar te nemen, als een totaal van alle waarnemingen en als een belevenis die niet door het verstand wordt geïnterpreteerd, voordat hij in ons innerlijk is opgenomen. Het is echt belangrijk dat we weer leren spontaan en rechtstreeks onze zintuigen te gebruiken. Denk alleen maar aan de taferelen die zich bij verkeersongevallen afspelen, wanneer allerlei getuigen elkaar tegensprekende versies van het gebeuren ten beste geven. Deze mensen geloven echt dat ze de dingen gezien hebben zoals ze ze vertellen. Net een beetje anders dan een ander of ook wel volstrekt tegenstrijdig aan de zienswijze van anderen. Zo sterk beïnvloedt het ertussen geschakelde denkproces onze kijk op gebeurtenissen die zich vlak voor onze neus afspelen.

De oefening is erop gericht dat je je zintuigen als geheel leert inzetten. Als gevolg van het al voor het bewustworden ingeschakelde denkproces, scheid je horen, zien, proeven, voelen en ruiken automatisch van elkaar. We hebben onze zintuiglijke waarnemingen om die reden dan ook verschillende benamingen gegeven. En juist dit onderscheid, deze scheiding van de waarnemingen van elkaar, is zo wezenlijk verkeerd. De oorspronkelijke mens die we zouden moeten zijn, zet zijn zintuigen allemaal tegelijk in, neemt spontaan de gebeurtenissen in zich op, niet alleen als door de ogen waargenomen, maar als totaliteit, zonder na te denken, zonder de indrukken te verwerken. Wanneer je de werkelijkheid om je heen als geheel met al je zintuigen probeert waar te nemen, zul je heel snel merken dat dat intellectueel niet gaat. Met het verstand kun je een dergelijk simultaan proces niet meer bijbenen, laat staan dat je het zou kunnen bevatten. Het als totaliteit ervaren van de zintuiglijke indrukken is voor de intuïtie, je gevoelshuishouding, weggelegd. Daar zul je aanvankelijk weinig van merken. Dat vergt geduld. Maar er komt een dag waarop je geheel automatisch niet meer met slechts één van je zintuigen op prikkels van buiten reageert, maar met meerdere tegelijkertijd, waarbij je bovendien verbluft merkt dat de intensiteit waarmee je hoort, voelt en proeft met een geheel nieuwe dimensie en kwaliteit is verrijkt. Dan zal het besluit of je al dan niet zestig sigaretten per dag wilt roken, met als gevolg dat je door aantasting van de slijmvliezen in je neus je reukvermogen verliest, je een stuk makkelijker vallen.

Wat de voeding betreft, kent de tao geen voorschriften en regels. Toch leeft men in taoïstische kloosters vegetarisch. Dat is voornamelijk handig, omdat de monniken in de kloostertuin op een eenvoudige, goedkope wijze hun eigen voedsel kunnen verbouwen en daardoor financieel onafhankelijk zijn. Daar staat tegenover dat het verblijf in deze kloosters vaak tijdelijk is; je kunt de status van monnik niet met die van onze paters vergelijken die vanwege hun gelofte hun hele leven lang in het klooster moeten blijven. Desondanks is vegetarische voeding het overwegen waard. Jaren geleden heb ik een yoga-maharishi ontmoet die streng vegetarisch was. Hij wees alle vormen van dierlijke producten af en at dus ook geen eieren en melkproducten. Hij hield zijn toehoorders steeds voor dat de sterkste levende wezens op aarde, de olifant en de waterbuffel, als pure vegetariërs toch over een immense kracht beschikken. Hij vergeleek plantaardig voedsel met de brandstof van een straaljager, licht ontbrandbaar, etherisch, terwijl je een vleesmaaltijd als dieselolie kon zien, vol bezinksels en verbrandingsresten die een zware belasting voor het totale spijsverteringsorganisme vormen. Ik kan me hier voor een groot deel wel bij aansluiten. Vegetarisch eten is in ieder geval gezonder. Het is niet toevallig dat revalidatiecentra voor mensen met kanker plantaardige voeding voorschrijven als onontbeerlijk voor een mogelijke genezing. Voor het geval je erover denkt om vegetarisch te gaan eten, bedenk dan wel (want voor veel mensen is dit een van de redenen waarom ze het niet volhouden) dat vegetarisch eten niet betekent dat je dezelfde maaltijden blijft eten en daaruit alleen het vlees weglaat. Maar het is ook niet voldoende om dezelfde bijgerechten aan te vullen met een van de zogenaamde 'vleesvervangers'. Vegetarisch eten houdt in dat je je volledig opnieuw bezint op de samenstelling van je voeding. De gerechten die je dan zult bereiden, zijn structureel vanuit een geheel ander gezichtspunt samengesteld dan de bijgerechten van de maaltijden die je tot dan toe gewend was. Het beste is om een paar goede boeken over dit onderwerp te raadplegen, want het zou mij in het kader van wat ik hier wil vertellen iets te ver voeren er met bijvoorbeeld het geven van recepten dieper op in te gaan. Mij gaat het erom dat je het principe begrijpt.

En doe ook aan sport. Maar dan niet op zo'n onzinnige, prestatiegerichte manier die de door eerzucht gedreven beoefenaar meer schaadt dan dat hij er voordeel van heeft. Sport die ontspant en waar je plezier aan beleeft. Ik heb al eerder gezegd dat ik met de Chinese yoga niet veel opheb, omdat die op kundalini-methoden is gebaseerd, terwijl de methoden die van de eerder beschreven meditatie van de stilte uitgaan tot veel betere resultaten leiden, zonder dat men zich aan de fysiologische risico's die aan de kundalini-technieken verbonden zijn, hoeft bloot te stellen. Maar de Indische yoga is fantastisch. Je hoeft hatha-yoga absoluut niet als een echte sport te zien, er steekt veel meer achter. Maar voor wie in de geest van de tao leeft, is het voldoende wanneer hij deze vorm van yoga ter sterking en het behoud van zijn vitaliteit benut. En als je yoga wilt gaan doen, ga er dan niet mee om alsof het een prestatiesport is. Ga voorzichtig te werk en neem niet te veel hooi op je vork. Pezen en spieren zijn snel verrekt en genezen vervolgens tergend langzaam. Ook hierover kun je het beste een goed boek lezen; die zijn ondertussen in boekhandels en bibliotheken volop voorhanden.

Tot nu toe reageerde je op de dagelijkse wederwaardigheden in je leven door alles wat er voorviel met je verstand te beredeneren, bij belangrijke dingen grondiger dan bij de in meer of mindere mate onschuldige gebeurtenissen. Maar bedenktijd heb je in ieder geval nodig. En steeds wanneer je voor een kleinere of grotere beslissing staat, blokkeer je juist met dat denkproces, waarmee je je op je reactie voorbereidt, de werking van de kracht van de tao. De wijsheid die je in je hebt, krijgt niet de kans om te handelen of jou de prikkel voor jouw handelen te geven, wanneer je om te beginnen niet luistert en vervolgens te druk bezig bent om de beslissing zelf te nemen. Daarbij kun je rustig op deze machtige intelligentie vertrouwen, zowel bij de kleine dingen des levens als bij belangrijke zaken die je toekomstige welzijn betreffen.

Begin er eerst eens mee om geen gedachten meer te verspillen aan alle kleinere uitdagingen of gebeurtenissen die dagelijks op je afkomen. Doe wat je intuïtie je ingeeft, want die ingeving is er altijd, hoe gering het voorval ook is, en doe het meteen, zonder pauze. Leer die impuls van je intuïtie waar te nemen en volg die dan, zonder je om goed of fout te bekommeren. Je kunt ervan uitgaan dat het dan goed is, want niets kan fout voor je zijn wanneer je op deze autoriteit vertrouwt. Omdat het maar om kleine dingen gaat, riskeer je in het begin ook niet veel wanneer je het op deze manier doet. Je zult al gauw ervaren dat je op deze spontane manier prima kunt leven en dat je vertrouwen niet wordt beschaamd. De resultaten van spontaan optreden getuigen van een creatieve wijsheid die je met alle kracht en kennis die je uit het nadenken van je ik put, nooit had kunnen opbrengen. Met je verstand beoordeel je de dingen principieel vooringenomen en daardoor beperkt. Ik weet uit ervaring dat een impuls me vaak tot een stap aanzet, waarvan ik, nadat ik hem inderdaad onmiddellijk heb gedaan, vrij snel daarna de indruk krijg dat ik de zaak verkeerd heb aangepakt. Er volgt een reactie die het spontane besluit om iets te doen als verkeerd beoordeelt, wanneer ik bijvoorbeeld iemand van wie ik afhankelijk ben de waarheid zeg, waarop diegene me in het vervolg zijn gunsten onthoudt. Maar later blijkt altijd dat zo'n onmiddellijk besluit dat diep uit mijn gevoelens voortkwam, uiteindelijk juist is geweest. Nog nooit heb ik de gevolgen van zo'n stap hoeven berouwen.

Wanneer je na verloop van tijd voldoende vertrouwen in je vermogens op dit punt hebt gekregen, kun je het ook bij belangrijker zaken toepassen: of je al dan niet zelfstandig zult worden bijvoorbeeld, of het besluit om te gaan trouwen, de huur op te zeggen, te emigreren of tuinman te worden. Je kunt net als bij de kleinere dingen ook de belangrijke beslissingen in je leven en zaken van levensbelang gerust in diezelfde handen leggen. Je zult er nooit spijt van hebben. Wanneer als gevolg van een (ogenschijnlijk) verkeerde beslissing je huis afbrandt, dan gebeurt dat uitsluitend – daar kun je zeker van zijn – opdat je later een beter krijgt.

Oefen in het geen onderscheid willen maken

Zowel de taoïsten als de patriarchen van het zenboeddhisme zijn het er over eens dat de wereld die ik waarneem een onscheidbaar bestanddeel van mezelf is. Daarom moet ik een verstandelijke scheiding tussen mij en mijn omgeving vermijden.

Het universum met de daarin levende mens is een gesloten eenheid. De kernfysica bevestigt dit in deze tijd met overduidelijke indicaties, hoe onbegrijpelijk dergelijke uitspraken voor ons verstand ook mogen zijn. En de wijzen van de tao en zen verklaren eensgezind en ondubbelzinnig dat de stap naar satori, naar verlichting, niet op de laatste plaats uit de erkenning van deze eenheid van mens en schepping voortkomt.

Onze oefening in deze 'discipline' moet van het gevoel uitgaan, aangezien we deze taak niet aan het verstand, hoe gedisciplineerd dat ook is, kunnen overlaten. Probeer het gewoon eens als je in de vrije natuur wandelt. Daar tref je vogels aan en je geniet van hun gezang; er is een beek met keien waarlangs het water stroomt; je ziet er bomen, struiken en allerlei planten, van grashalmen tot madeliefjes. Vervolgens stel je je voor dat alles wat je ziet, ruikt en hoort tot één groot organisme behoort, alsof het ledematen van je eigen lichaam zijn, er onafscheidelijk mee verbonden, ook al hinderen ze je in geen enkel opzicht in je bewegingen. Wanneer je dat zo kunt waarnemen, die saamhorigheid, dan voel je iets dat daadwerkelijk zo is.

Wanneer je voor een boom staat, dan is dat niet

het woord 'boom'; die boom is een deel van jezelf, hij hoort bij je. Probeer je omgeving, hoe onlogisch het ook mag lijken, zo vaak als je kunt op deze manier te zien. Deel de dingen die je om je heen waarneemt niet meer in het schema in dat men je heeft aangeleerd; geef de natuurverschijnselen geen namen meer, of je zou ze zelf moeten verzinnen. Geloof me, je zult die saamhorigheid voelen, de oorspronkelijke verbondenheid tussen jezelf en de dingen om je heen. In de toestand van verlichting is deze kennis van de eenheid van de mens, van het individu met het universum, heel duidelijk en overtuigend aanwezig. Deze saamhorigheid beknot in geen enkel opzicht je vermogen om als afzonderlijk wezen te voelen en te handelen. Het is een echte uitbreiding, een vergroting van je innerlijke rijkdom, die je zo ervaart.

Je kunt deze adviezen ter harte nemen en opvolgen, en je kunt het ook laten. Wanneer je leert in het heden te leven en je gevoelens, je intuïtie, je steeds meer inzicht geven in wat er werkelijk in je dagelijks leven gebeurt, zullen de hierboven beschreven gedragspatronen voor een groot deel geheel vanzelf volgen.

14 SAMENVATTING

Hiermee zijn we aan het einde van de praktische aanwijzingen gekomen. In de hieraan voorafgaande tekst ben ik diverse keren in herhalingen vervallen, heb een probleem steeds van verschillende kanten belicht en heb daarbij geprobeerd de weinige, elementaire leefregels in de geest van de tao zo duidelijk mogelijk weer te geven, zodat iedereen ze ondanks de slechts schijnbare eenvoud ervan kan volgen. Vat alles wat ik heb gezegd alsjeblieft niet als een nieuwe vorm van een of andere heilsleer op. Het feit dat de beschreven kennis uit het oude China is overgeleverd, zegt op zichzelf niet zoveel. Ieder mens heeft deze kennis over de aard van zijn zelf in zich en zou daar, als hij heel goed bij zichzelf te rade gaat, ook zelf achter kunnen komen. Wanneer ik op sommige belangrijke punten meerdere keren begrippen als observeren, aandacht, inzicht, heb benadrukt, dan is dat omdat onze taal niet over de juiste woorden beschikt die de geestelijke inhoud van de uitspraken over de tao volledig weergeven. Ik moet me met onze woordenschat behelpen en die schiet nu eenmaal, zoals gezegd, tekort. Daarbij voel ik me als iemand die de opdracht heeft om aan een mens die nog nooit een fiets heeft gezien, schriftelijk uit te leggen hoe je moet fietsen. Denk zelf eens over dit probleem na. Hoe kun je iemand puur met woorden de wetten van de bewegingsdynamiek uitleggen als gevolg waarvan hij op een rijdende fiets niet omvalt, maar daarentegen een stabiele voortgaande beweging ervaart. Dat komt sterk overeen met wat ook de lezers van dit boek te verwerken krijgen. Aan hen wordt de kunst van het 'fietsen' uitgelegd zonder dat ik de bijbehorende fiets kon laten zien. De wetten van *woe wei*, het niet-handelen, onttrekken zich aan elke vorm van intellectuele interpretatie. Je kunt ze in hun volledige omvang niet bevatten. Maar je kunt er wel heel goed naar leven. Je hoeft het alleen maar in je eigen leven uit te proberen, voor mijn part uiterst sceptisch. Uiteindelijk kan de ervaring uitsluitend tot een leven leiden waarin je alles wat er op een dag gebeurt, in het heden ervaart en je je om wat er in het uur daarna, de volgende dag, gebeurt, absoluut geen zorgen meer maakt. Je zult merken dat zorgen voor een volgende dag nutteloos zijn, omdat de tao, een veel verdere toekomst overziend, al voor jou heeft gehandeld. Het leven in het hier en nu is handelen, is voortgang, en het maakt een verschil of ik alleen maar over voortgang praat, me alleen maar voorstel dat ik me voortbeweeg, of dat ik in die zin het voortbewegen zelf doe, zelf de voortgang, dus zelf het heden ben. Hou daarbij steeds voor ogen dat een volledige identificatie van je leven, met alle plannen, met je dagelijkse beslommeringen, ervoor zorgt dat de kracht van je intuïtie zich op een positief levensniveau vrijuit ontplooit. Dat iets lukt, dat je succes hebt, is het volstrekt onvermijdelijke gevolg van deze identificatie.

Wanneer je mediteert of je op een van de aanbevolen oefeningen richt, moet je goed beseffen dat alles wat gedurende zo'n oefening bewust wordt gedaan nog heel ver in het dagelijks leven doorwerkt nadat je de oefening allang hebt beëindigd. Zonder dat je het je bewust bent, laat je het handelen in steeds sterkere mate aan de tao over, en je vertrouwen in deze krachten groeit met de ervaring die je dagelijks blijft opdoen. Op het moment denk je nog dat je je aan de omstandigheden waarin je verkeert en waaronder je hoogstwaarschijnlijk ook gebukt gaat, moet aanpassen. In werkelijkheid zijn de omstandigheden waarin je leeft in overeenstemming met de wijze waarop jij je tegenover het leven opstelt. Alleen jijzelf bent de veroorzaker van alle feitelijke toestanden die je geluk en welzijn bepalen. Alle dingen te laten gebeuren en op het positieve verloop ervan te vertrouwen, vergt een grote mate van onschuld. Onder onschuld versta ik het vrij-zijn van berekening, vooropgezet gedrag om er voordeel uit te trekken, om winst te boeken, het vrij-zijn van de vorm van corruptie die ons huidige leven bepaalt, ook al merken we dat niet eens meer.

En vergeet ook niet dat iedere vorm van geestelijke krachtsinspanning een tegendruk opwekt en wel in dezelfde mate waarin je met de inzet van je energie je doel probeert te bereiken. De werking van de krachten van de tao is luchtig, licht als een veertje, maar daarnaast onvoorstelbaar dynamisch. Je zult verrast zijn hoe exact en drastisch de oplossingen van je problemen in het leven van alledag zijn. Als er zo'n knoop is ontward, dan is die ook ontward. Er blijven geen losse eindjes meer hangen, zoals zo vaak bij ons, wanneer we angstig en halfslachtig van de ene noodoplossing naar de volgende voortprutsen en het ene gat graven om het andere ermee te kunnen dempen. In je aardse optreden zal van krampachtig handelen in het vervolg geen sprake meer zijn.

Van de wijzen van de tao en zen weten we uit de overlevering dat het gezellige, vrolijke lieden waren. Ze namen het leven noch hun filosofie bijzonder serieus. Ze waren echte levenskunstenaars en de tao is de kunst van het leven, de kunst van *woe wei*, het handelen door niet-handelen. De mens is de kunstenaar, en zijn instrumenten, dus schildersdoek, kwasten, klei en spatel, zijn zijn lichaam, zijn zintuigen en zijn gevoelens. Het leven met alle handelingen is de toegepaste kunst, en het laten gebeuren van de dingen maakt er een kunstwerk van.

Toch wil ik nog iets belangrijks opmerken: het leven in *woe wei* kan heel makkelijk met het achteloze 'bij de dag leven' van lichtzinnige mensen worden verward. Ook over hen zegt men dat ze zich over de volgende dag geen zorgen maken en ook zij worden daarom als levenskunstenaars beschouwd. Goed, sommigen zullen dat inderdaad zijn en zij hebben de juiste stap volslagen onbewust gedaan. Maar de rest van deze lieden onderscheidt zich wezenlijk van mensen die in de geest van de tao leven, want deze dagdieven zijn uitzonderlijk egoïstisch: ze concentreren hun gedachten voortdurend op mogelijkheden die hunzelf voordeel brengen en hen in staat stellen deze levensstijl vol te houden. Zij zijn absoluut niet vrij van motieven en doelstellingen.

In de geest van de tao leven is iets heel anders. Men is weliswaar eveneens vrij van zorgen en gedachten over de dag van morgen, maar een mens in de geest van de tao handelt vanuit zijn midden. Hij heeft ervaren dat er krachten in hem werkzaam zijn waar hij niets aan heeft zolang hij ertegen ingaat. Hij handelt zonder doel, zonder motief; voor hem is het leven op zichzelf meer dan voldoende motief en doel, meer heeft hij niet nodig voor zijn geluk. In macht is hij niet geïnteresseerd, maar hij duldt ook geen machtsuitoefening tegenover zichzelf. Hij is vrij van alle banden en onderwerpt zich aan geen enkele autoriteit, ongeacht of die van religieuze of wereldlijke aard is.

A propos, gebondenheid. Ik heb beschreven hoe het ego door denken en de inhoud van het geheugen ontstaat. Wie een dergelijk ego vast probeert te houden en niet bereid is het ten gunste van zijn zelf te laten verdwijnen, houdt zich met een vorm van gehecht-zijn bezig die een bijzonder lastige barrière tot verwezenlijking van de tao vormt. Het probleem is dat de meerderheid van de mensen in werkelijkheid helemaal niet volledig vrij wil zijn. Vrijheid zadelt ons met verantwoordelijkheid op. Verantwoordelijkheid voor ons eigen handelen en onze beslissingen. Zolang we ons aan een autoriteit onderwerpen die ons vertelt wat we moeten doen, kunnen we de verantwoordelijkheid voor ons handelen en de daaruit voortvloeiende toestand op die autoriteit afschuiven. Maar zodra we iedere vorm van autoriteit afwijzen en de verantwoordelijkheid volledig op ons nemen, zijn we heel eenzaam. We plaatsen ons daarmee buiten de gemeenschap van aangepasten, geconditioneerden en scheiden ons innerlijk van de grote massa af, voor wie onderwerping, het zich ondergeschikt maken, iets is dat hun zekerheid verschaft.

Uit dit beeld van vrijheid kan angst ontstaan. Ik heb het idee dat er niets is waar wij mensen op aarde zo bang voor zijn als eenzaamheid. Niemand is graag alleen. En als we dan met het gevoel leven dat we ons buiten de collectieve aanpassing hebben geplaatst, gaan we ons daardoor al snel in de steek gelaten voelen. De aangepasten hebben ons weliswaar niet in de steek gelaten, we hebben ons zelf van hen verwijderd. Maar de oorzaak van die scheiding speelt voor het gevoel van eenzaamheid uiteindelijk geen enkele rol. Die angst voor afzondering moet je onder ogen zien als je echt vrij wilt zijn. Als troost kan ik stellen dat de zekerheid die door onderwerping, door aanpassing verkregen wordt, geen echte zekerheid is. Het is slechts een idee van zekerheid. Echte zekerheid is de mens alleen in de vrijheid van zijn geest gegeven, wanneer hij in staat is de werkelijkheid zonder vooringenomenheid te zien zoals ze is en niet zoals anderen hem proberen wijs te maken dat ze zou zijn. Het gevoel van zekerheid dat met het deel uitmaken van een collectief, van welke aard of samenstelling dan ook, gepaard gaat, ontstaat uitsluitend omdat de drijvende krachten achter dergelijke verenigingen uit eigenbelang de masa die indruk weten te geven.

Wanneer dit gevoel van alleen-zijn bij jou de kop op steekt, dan aanvaard je dat als een deel van jezelf, accepteer je het als behorend tot je aard en stel je je moedig open voor dat gevoel. De angst verdwijnt dan. En wanneer je de tao veel dieper dan *woe wei* in al zijn volheid hebt kunnen doorgronden – en dat gebeurt wanneer je je op de juiste wijze opstelt geheel vanzelf – zul je inzien dat je helemaal niet eenzaam bent. Je ervaart dan voor de volle honderd procent dat je één bent met de hele wereld: niets is meer van je gescheiden, alles hoort bij jou en is een deel van jou. Jij bent het geheel en kunt daar nooit uitgesloten van zijn, je bent nooit in de steek gelaten of alleen, omdat de dingen nu eenmaal zonder dat er een scheidende kracht tussen staat, rechtstreeks deel van jezelf zijn: jij bént alle dingen. De meeste mensen zijn geïsoleerd en onbewust ook diep eenzaam, doordat ze van hun eigen zelf gescheiden zijn. Ze hebben geen contact met zichzelf, ze ervaren zichzelf uitsluitend in de vorm van de kunstmatige constructie van valse voorstellingen die we ons ik noemen. Daarmee staat de poort naar alle ellende, angsten, zorgen, lijden en de wanhoop over de troosteloosheid en uitzichtloosheid van het menselijk bestaan wijdopen. En zo onnodig, want het gebeurt allemaal uitsluitend op deze verschrikkelijke manier omdat de mensheid sinds miljoenen jaren niet beter weet... en er in al die jaren niets heeft bijgeleerd. Men is in onze tijd zo geïndoctrineerd dat alles wat niet in het heersende beeld van de kennis van de maatschappij past, wordt verloochend. Hoe zou er dan op bredere schaal ooit iets kunnen veranderen?

Wat dat betreft kan iedereen alleen voor zichzelf handelen, voor anderen kan hij niets doen. Hoewel: voorbeeldig leven kunnen we allemaal, het goede voorbeeld geven. Dat zou kunnen werken. Zoals één bepaalde druppel het vat op een gegeven moment doet overlopen, is het een kwestie van tijd tot voldoende mensen zullen inzien hoe prachtig en plezierig ons bestaan in zijn oorspronkelijke bestemming kan zijn. Het leven als doel op zichzelf, gewoon om er te zijn en plezier in het bestaan te hebben, is voor ons tegenwoordig haast ondenkbaar geworden. Aan alle kanten zijn we in onze bewegingsvrijheid beperkt. Altijd wordt naar het nut van alles wat we doen gekeken. Er is haast niets meer dat mensen zonder motief doen. Ze hebben altijd een aanleiding nodig, en hoe problematischer de omstandigheden van het dagelijks leven worden, des te sterker moeten de prikkels zijn.

Geef je daarom over aan deze manier om zonder motief te leven. Handel door niet te handelen, door te laten gebeuren. Vertrouw op de dimensie in jezelf die erop wacht dat je haar leert kennen. Open je voor deze eeuwenoude wijsheid van de tao. Maar klamp je ook niet aan de naam tao vast. Lao Tze zei dat de tao die je benoemen kunt, niet de tao is. Daar heeft hij gelijk in. Namen zijn holle klanken. Het gaat om de inhoud. Die kun je ervaren. Maak je vrij, vind je kinderlijke onschuld bij het aanschouwen en waarderen van het leven terug, laat je niet langer corrumperen. Geef je eerzuchtige doelstellingen op, leef in het vervolg zonder motief. Je zult ervaren dat het leven je vervolgens zo onbeschrijflijk makkelijk valt... en er is niets waar je in feite afstand van moet doen. Laat me dit boek met de tekst van een oude Chinees lied afsluiten:

Zodra de zon opkomt, gaan we aan het werk;
zodra de zon ondergaat, rusten we uit.
We graven een bron en we drinken,
we ploegen het land en we eten.
Wat gaat het ons nog aan,
de macht van de ti?

(Ti is het begrip voor de heersende wetten)

NAWOORD

Wat ik in dit boek ter sprake heb gebracht, zijn feiten die iedereen kan ervaren die de moeite neemt de beschreven adviezen op te volgen. Hij zal die door eigen ervaringen en inzichten vervangen, en net als bij fietsen vanzelf het evenwicht, de symmetrie, van zijn leven vinden. Maar naast onze kennis zijn er dingen die we in het beste geval alleen kunnen aanvoelen. Door ze uit te spreken, begeven we ons automatisch op het terrein van de speculaties. Maar aangezien ik tot nu toe zo veel bruikbare aanwijzingen heb gegeven, mag ik misschien helemaal aan het eind toch een beetje fysisch-metafysisch worden. Men beschikt tegenwoordig over wetenschappelijke kennis met betrekking tot onze materie, waarvan we de consequenties nog niet volledig doorgronden. Die kennis stemt de beschouwer tot nadenken, en een onbevooroordeeld verstand dat bereid is zich voor nieuwe, ongewone inzichten open te stellen, kan zich een vrij goed beeld vormen van de mogelijkheden die de objectieve werkelijkheid van onze schepping biedt.

Bij subatomaire proeven in de kernfysica is gebleken dat bepaalde processen alleen plaatsvinden, wanneer iemand ze observeert. Tussen de waarnemer en het verloop van de proef bestaat een heel hechte band. Het resultaat van de proef is volledig afhankelijk van de waarnemer, de deelnemer. Zonder contactpersoon vindt geen enkel nucleair proces plaats. Daarnaast moesten de fysici erkennen dat de kleinste elementen van de materie duidelijk laten zien dat materie in de vorm zoals wij die waarnemen, helemaal niet bestaat. Het gaat hierbij hoogstens om verschijningsvormen van energie voor de lege ruimte, die binnen het bestek van een zogenaamde veldtheorie als geheel de achtergrond voor de materiële schepping vormt. En tegen deze achtergrond van absolute leegte speelt zich iets af wat alle eerdere opvattingen over het ontstaansproces volslagen op zijn kop zet. Bestanddeeltjes van de atoomkern ontstaan en vergaan en vernieuwen zich weer in intervallen van miljardste seconden, tijdseenheden die met de snelheid van het licht overeenkomen. Hier is niets bestendig. Alles wat materie zou kunnen zijn, is onafgebroken in beweging, onderdeel van een onnavolgbaar snel proces van afbraak en opbouw. Van belang is nog een conclusie uit de kernfysica: de kleinste energiedeeltjes van de materie laten zich niet als bestanddeel van een bepaald object of voorwerp vaststellen. Ze gaan alle grenzen van tijd en ruimte te buiten. Er zijn in werkelijkheid (aantoonbaar) geen deeltjes die bijvoorbeeld specifiek tot een stuk hout behoren, of tot een auto of tot een mond. De energie-eenheden die de wetenschapper als naar alle waarschijnlijkheid subatomaire deeltjes aanduidt, hebben in principe betrekking op het hele universum en nooit op één enkel object. En hiermee wordt van de kant van een erkende, wetenschappelijke discipline bevestigd wat de wijzen van het oude China en van het hele Oosten al vele duizenden jaren wisten: het universum is één groot organisme, bestaande uit talloze verschijningen die een wederzijdse invloed op elkaar uitoefenen.

De schepping is dus de leegte van de ruimte, het absolute, waarin zich potentieel alle door ons waarneembare verschijningen bevinden. Ik denk dat wij mensen zonder het te weten en tamelijk onvrijwillig een wezenlijke bijdrage aan het ontstaansproces leveren. Het universum schijnt, voorzover men nu weet, helemaal niet in de vorm van materie te bestaan, al tig-miljoenen jaren niet. Het gaat hierbij in wezen uitsluitend om een blauwdruk van het universum, die in een soort DNS-protocol in het menselijk brein verankerd is en in het verloop van de evolutie met de hersenen van de mensen mee verandert. Het universum is niet geheel vanzelf geleidelijk vanuit zichzelf ontstaan en is ook niet op een gegeven moment door één enkele, unieke daad geschapen. Het bestaat in de vorm van een permanent proces dat zich ononderbroken in het heden afspeelt, en dat met medewerking van de mens. Wij zelf scheppen de materie, dat vluchtige bouwsel, die illusie van pure energie, dag in dag uit, ieder moment, met behulp van onze waarneming. Wij zijn ons dat niet bewust en ons verstand heeft (godzijdank) geen invloed op dat proces. Maar het ontstaan van materie behoort blijkbaar tot de menselijke vermogens waarop wij met onze denkprocessen geen enkele greep hebben.

Wanneer iedereen zijn universum onophoudelijk via een ongewilde interactie in, met de snelheid van het licht, opeenvolgende intervallen laat ontstaan en veranderen, dan schept hij permanent zichzelf en zijn medemensen. Wanneer je deze paradox nog eens nauwkeurig onder de loep neemt en vervolgens in de boeddhistische sutra's de parabel van het net van de Indra leest, waarin het scheppingsproces vanuit de zienswijze van een verlicht mens wordt beschreven, dan wordt het allemaal al een stukje duidelijker. In deze parabel wordt het universum met een gigantisch net vergeleken. Op ieder knooppunt van het net bevindt zich een parel en in elk van deze parels weerspiegelen zich alle andere parels van het net. Als we al deze parels stuk voor stuk door mensen vervangen en er het hierboven beschreven proces bijhalen, dan ligt in ieder van ons potentieel de hele mensheid besloten. Met haar en de rest van de schepping vormen we de gesloten eenheid waarvan steeds sprake is wanneer men ons aanraadt geen onderscheid te maken, de waargenomen verschijningen niet van elkaar te scheiden.

En achter dit alles staat de tao, in alles schuilt de tao, zowel in de natuurverschijnselen als in onszelf, de mensen. In wezen is er niets anders dan het absolute, dat in dit boek en van oudsher de tao wordt genoemd. Wij zijn de tao en de tao is ons. Hij is de ziel van de mensheid, maar niet in die zin dat ieder mens een eigen ziel bezit; hij is één enkele ziel die collectief van alle mensen is. Niettemin blijft het individualisme van het afzonderlijke wezen bestaan. Maar voor de enkeling is het mogelijk aan de kennis en gevoelens van het geheel deel te hebben: hij kan zich in zijn bewustzijn collectief integreren en zijn leven als dat van de hele mensheid opvatten en... ervaren. Voor mij is dit fenomeen vergelijkbaar met een bijenvolk. Dat is ook één enkel organisme dat uit talloze afzonderlijke wezens bestaat die in een relatief korte tijdspanne sterven, waarna hun plaats steeds weer door nieuwe nakomelingen wordt ingenomen, die daarmee naadloos de cyclus in stand houden. Maar het totale bewustzijn van het volk heeft iedere bij in zich. Het bijenvolk is één levend wezen met vele lichamen. Ook het fenomeen van leven en dood, van geboorte en overlijden in het menselijk bestaan kun je in deze vergelijking vanuit een andere visie belicht zien. De soort mens is een wezen. Wie vrij is van de banden van zijn ik zou in staat moeten zijn het bestaan van deze soort kosmische wezens als geheel te ervaren. Als er lichamen sterven, dan worden er nieuwe geboren. Het bewustzijn van alle mensen blijft voortdurend binnen het levende wezen bewaard, zodat de dood slechts een wegvallen van oude cellen uit het lichaam is en geboorte een vervanging met nieuwe cellen betekent. Door aan het eigen ego vast te houden, staan we deelname aan de collectieve geest in de weg. Omdat er buiten dit organisme, waarvan wij deeltjes zijn, in de schepping niets anders is dan wat ik tao noem, is het ook duidelijk wat er na de dood met de mens gebeurt. Hier is hij ik (en zou 'zelf' kunnen zijn). Als hij sterft, sterft het ik, omdat het materie is, opgebouwd uit herinneringen die de hersenen voor hem hebben opgeslagen, en ook zij zijn materie en dus vergankelijk. Onvermijdelijk wordt de mens vervolgens in zijn veranderde aggregatietoestand weer wat hij voor de geboorte als ongeborene was: de tao. Dan weet hij weer collectief wat leven als één groot organisme is.

Wie tijdens zijn leven op aarde de tao verwezenlijkt en de verlichting bereikt, zoals ik het heb beschreven, zal de wereld als geheel waarnemen, zoals anderen, die niet verlicht zijn, dat alleen voor hun geboorte en na hun lichamelijke dood ervaren. Dat is volgens mij de kringloop van de schepping.

De auteur organiseert weekendcursussen in zijn huis in Piemont (Noord-Italië).

Info: Theo Fischer
Cascina la Costa
I-12060 Murazzano (CN)
Tel/fax: 0039-0173-791100
theofischer@libero.it

BIBLIOGRAFIE

Arno Gruen, *Der Verrat am Selbst*, dtv, München 1986.

Chung-yuan Chang, *Tao, Zen und schöpferische Kraft*, Diederichs, Keulen 1987.

Fritjof Capra, *De tao van fysica, een onderzoek naar de parallellen tussen de moderne fysica en oosterse mystiek*, Contact, Amsterdam 1988.

Alan Watts, *Der Lauf des Wassers* (Nederlandse titel: *De weg van het water*), Suhrkamp, Frankfurt 1982.

Richard Wilhelm, *I Tjing, Het Boek der Veranderingen*, Ankh-Hermes, Deventer 1991.